Mobbing für Fortgeschrittene

AF666376

Renate Wettach

Mobbing für Fortgeschrittene

Wie Sie Ihr Leben wieder in den Griff bekommen

löwenstern verlag

Bibliografische Information der Deutschen Nationalbibliothek
Die Deutsche Nationalbibliothek verzeichnet diese Publikation in der Deutschen Nationalbibliografie; detaillierte bibliografische Daten sind im Internet über http://dnb.d-nb.de abrufbar.

ISBN 978-3-945542-32-3 (Print)
E-ISBN 978-3-945542-33-0 (ePUB)

Umschlaggestaltung: Renate Wettach
Fotos: Heinz Schüttler †

Druck und Bindung: Books on Demand GmbH, Norderstedt

© LöwenStern Verlag Renate Wettach
Frankfurt am Main 2019, 2. Auflage

Alle Rechte vorbehalten. Nachdruck und Verwendung, auch auszugsweise, nur mit ausdrücklicher Genehmigung des LöwenStern Verlags.
Herausgeber, Redaktion, Herstellung, Design & Layout:
Renate Wettach, LöwenStern Verlag,
Weckerlinstraße 4, 65929 Frankfurt am Main
Telefon: +49 152 34332590
E-Mail: geschaeftsfuehrung@loewenstern-verlag.de
Umsatzsteuer-Identifikationsnummer gemäß
§27a Umsatzsteuergesetz: DE291558368

www.loewenstern-verlag.de

Inhalt

Vorwort

Schon wieder ein Buch über „Mobbing"? Warum befasse ich mich überhaupt mit diesem Thema? Ganz einfach: meine jahrzehntelangen Erfahrungen in der heutigen Arbeitswelt zeigen mir, dass immer mehr Menschen in Situationen geraten, denen sie emotional nicht (mehr) gewachsen sind. Sie geben ihr Bestes, aber ihre Leistung wird nicht wertgeschätzt. Sie versuchen, ihre Leistung zu steigern, oft unter gesundheitlichen Einbußen, aber sie werden trotz aller Anstrengungen nicht wahrgenommen. Nicht wenige landen im „Burnout". Und etliche werden sogar aktiv von ihren Kolleginnen und Kollegen im Betrieb oder sogar von ihrem Chef schikaniert. Natürlich geschieht dies nicht offen, so dass ein klarer Schlagabtausch folgen könnte, der die tieferliegende Problematik zutage fördern würde, sondern die Nadelstiche werden gezielt so gesetzt, dass Dritte sie meist nicht einmal wahrnehmen. Doch sie treffen ihr Opfer im innersten Kern. Sie zielen auf das Selbstwertgefühl ab. Sie wirken demotivierend und leistungsmindernd.

Arbeitnehmer, die unter solchen Bedingungen jeden Tag zur Arbeit gehen müssen, laufen Gefahr, nachhaltig zu erkranken, wenn sie sich nicht mit ihrer persönlichen Situation auseinandersetzen. Es gibt unzählige Studien, die belegen, dass der Industrie durch feindseligen Umgang der Mitarbeiter untereinander jährliche Schäden in Millionenhöhe erwachsen. Für Firmenlenker sollte dies ein Warnsignal sein. Oft sind jedoch genau diese Führungskräfte die Auslöser der ganzen Misere, ohne es zu wissen oder wahrhaben zu wollen.

Das vorliegende Buch befasst sich nicht mit der Frage, wie man die Unternehmenskultur verändern kann, so nützlich dieser Ansatz auch wäre. Eine Unternehmenskultur kann nur „von oben" wirksam verändert werden, wenn das gesamte Management die

Änderung zum Positiven mit trägt. Doch erfahrungsgemäß lesen Firmenlenker in der Regel keine Mobbing-Bücher.

Daher kommt mein Ansatz „von unten". Ich will nicht die Führungskräfte überzeugen, sondern den Betroffenen Orientierung und Hilfestellung geben, damit sie nicht im Gefühlschaos versinken. Jeder kann es lernen, sich selbst „am eigenen Schopf" aus dem „Sumpf" zu ziehen!

Ich weiß genau, wovon ich rede, denn ich habe meine Methode aus der Praxis heraus entwickelt. In einem deutschen Großkonzern wurde ich jahrelang mit menschlichen Tragödien konfrontiert, für die ich unbedingt eine Lösung finden wollte. Ich bin dankbar, dass ich diese Lösung im Rahmen meiner Masterarbeit im Fach Erwachsenenbildung an der TU Kaiserslautern ausarbeiten durfte und sie heute einem breiten Publikum in Form des vorliegenden Buchs präsentieren kann. Ich freue mich, wenn mein Beitrag vielen Menschen zu einem Leben verhilft, das sie wieder als lebenswert empfinden.

Renate Wettach
Frankfurt, 07.07.2017

Was ist an diesem Buch anders?

Beim Thema „psychosoziale Belastungen am Arbeitsplatz" lässt sich mittlerweile nicht mehr über Mangel an Fachliteratur klagen. Es gibt unzählige Ratgeberbücher, Abhandlungen und einschlägige Gerichtsurteile. Was es aus meiner Sicht jedoch immer noch in unzureichender Menge und Gewichtung gibt, ist die Frage, wie Mobbing-Betroffene sich selbst psychisch-emotional so stabilisieren können, dass der Druck durch äußere Anfeindungen und hier insbesondere durch „Mobbing"-Erfahrungen seine destruktive Wirkung verliert, so dass sie am Ende gestärkt und psychisch stabiler aus der Krise hervorgehen.

Diese Selbsthilfe kann jeder lernen, der bereit ist, sich mit seiner Persönlichkeit und seinen Emotionen auseinanderzusetzen, der bereit ist, sich auf einen Wachstumspfad zu begeben und sich weiterzuentwickeln. Somit können Anfeindungen aller Art gelassener ertragen werden, die Betroffenen werden nicht in eine Opferrolle abgedrängt, sondern sie nehmen ihr Leben (wieder) aktiv in die Hand, weil ihr Wert als Person nicht von außen, sondern von innen konstituiert wird.

Wenn Sie den Mut haben, sich auf dieses Abenteuer einzulassen, kann das vorliegende Buch Ihr Leben verändern und Ihnen völlig neue Perspektiven aufzeigen.

Vielleicht haben Sie darüber nachgedacht, ob es für Sie Sinn machen könnte, therapeutische Hilfe durch einen Psychologen in Anspruch zu nehmen oder ein begleitendes Coaching zu buchen. Dies steht Ihnen jederzeit frei. Der Ansatz dieses Buches setzt jedoch einen Schritt früher an. Sie finden hier ein Selbsthilfe-Instrumentarium, das Sie mittels eines Frage- und Übungs-Bogens zu einer systematischen Erfassung Ihrer Lebenssituation führt. Dies kann eine gute Ausgangsposition für ein Coaching oder eine

Therapie darstellen. Es kann aber auch gut sein, dass Sie nach intensiver Durcharbeitung des Materials gar keine Therapie mehr benötigen, weil Sie die nötige Klarheit für sich bereits erarbeitet haben. Lassen Sie sich überraschen und gehen Sie so entspannt wie möglich an die Übungen heran.

Worum geht es nicht in diesem Buch?

Psychosoziale Belastungen kommen in vielfältigen Ausprägungen und in unterschiedlichen Lebensphasen vor: in der Schule bei Kindern und Jugendlichen, am Arbeitsplatz bei Erwachsenen, in der Familie, in Kontexten von weiterreichenden Verwandtschaftsbeziehungen bis hin zu gesellschaftlichen Kontexten, also zwischen Völkern und Staaten. Das vorliegende Buch bezieht sich ausschließlich auf Mobbing- und Mobbing-ähnliche Situationen Erwachsener am Arbeitsplatz.

Als Zielgruppe des vorliegenden Buches können prinzipiell nur Betroffene gelten, die noch nicht so stark ins Geschehen verstrickt sind, dass sie therapeutische Hilfe benötigen, wobei die Entscheidung, therapeutische Hilfe in Anspruch nehmen zu wollen, durchaus ein mögliches Ergebnis der Bearbeitung des Selbsthilfe-Instrumentariums sein kann. Die erwachsenenpädagogische Professionalität schließt therapeutische Szenarien nicht mit ein, weshalb im Rahmen dieses Buches hier die Grenze gezogen werden muss.

Außerdem außen vor bleiben im Wesentlichen auch Szenarien, in denen die Betroffenen massiver physischer Gewalt ausgesetzt sind. In solchen Fällen genügt es selbstverständlich nicht, an seiner emotionalen Kompetenz zu arbeiten, sondern es kann auch sinnvoll sein, ganz konkrete Selbstverteidigungstechniken, wie Karate, Judo oder Ähnliches zu erlernen sowie ggf. um polizeilichen Schutz zu bitten beziehungsweise juristische Schritte in die Wege zu leiten. Hierauf kann jedoch in der vorliegenden Arbeit nicht näher eingegangen werden.

Eine umfangreiche juristische Evaluation kann im Rahmen dieses Buches ebenfalls nicht geleistet werden. Im Kapitel „Juristische Implikationen" wird jedoch in einem groben Überblick auf juristische

Zusammenhänge und die aktuelle Gesetzeslage in Deutschland Bezug genommen.

„Es ist eine Illusion zu glauben, man könne das eigene Leben unbeschadet von krisenhaften gesellschaftlichen Entwicklungen und politischen Interessensauseinandersetzungen führen." (Meueler 2003, S. 219). Dennoch gehe ich hier nicht ein auf wünschenswerte Rahmenbedingungen, die in Unternehmen herrschen sollten – wie z.B. ein wertschätzender Führungsstil –, auf Vorgaben, die von der Politik geleistet werden sollten (vgl. Meueler 2003, S. 218f), oder auf vorbeugende Maßnahmen, die von Gewerkschaften und Betriebsräten ergriffen werden könnten – wie z.B. geeignete Betriebsvereinbarungen –, da dies über die Zielsetzung, Betroffene zu stärken, weit hinaus geht.

Die Recherche zum Thema, welche Handlungsmöglichkeiten einem Mobbing-Betroffenen offen stehen, führte zeitweise auch zu unerwarteten Ansätzen. So könnte jemand beispielsweise auf die Idee kommen, das Mobbing-Geschehen als Machtspiel zu interpretieren und – falls er sich stark genug fühlt oder gerne Machtspiele lernen möchte – das Buch von Matthias Nöllke „Machtspiele" lesen. Erfahrungsgemäß haben Mobbing-Betroffene jedoch wenig Interesse an Machtspielen. Stattdessen wollen sie die Fragen klären: „Was geschieht hier eigentlich?", „Was geschieht hier mit mir?", „Wie verändert mich das Erlebte?", „Kann ich etwas dagegensetzen?". Da bei allen Versuchen diese Fragen zu beantworten, das mitgebrachte Weltbild, also die Denkmuster, eine zentrale Rolle spielen, ist es umso wichtiger, am Anfang herauszufinden, in welchem Rahmen der Mobbing-Betroffene sich bewegen möchte. Die Zielklärung ist unabdingbar wichtig. Der Ansatz des vorliegenden Buches ist nicht geeignet für Menschen, die einem Anderen „eins auswischen" oder die auf irgendeine Art Rache üben wollen. Er eignet sich auch nicht für Menschen, die ihren Arbeitsplatz (in sprachlicher Anlehnung an Eric Berne: Spiele der Erwachsenen. Hamburg, 1985) als geeignete „Spielwiese" betrachten, weil sie vielleicht finanziell nicht auf das dort verdiente Geld angewiesen sind. Der vorliegende Ansatz richtet sich an Menschen, die ihre Mobbing-Situation als belastend empfinden und Wege suchen, um sich selbst – nicht etwa die Kollegen oder den Chef – zu verändern und die bereit sind, eine ihnen bislang völlig neue Denkrichtung einzuschlagen.

Kapitel 1

Das Problem

In diesem Teil geht es um die „dunkle Seite“, also um die Greifbarmachung dessen, was Mobbing-Betroffene quält und ihnen den Schlaf raubt.

Wir wollen die Begriffe klären und die Problemlage aufzeigen.

Begriffsklärung

Emotionale und psychosomatische Beeinträchtigungen – zusammengefasst unter dem Oberbegriff psychosoziale Belastungen – scheinen am Arbeitsplatz angesichts drohenden Stellenabbaus, betriebsbedingter Kündigungen, häufiger Re-Organisationen innerhalb von Unternehmen und Angst vor Arbeitslosigkeit immer stärker zuzunehmen. Die Betroffenen fühlen sich oft davon überfordert. Für viele ist es eine ganz neue Situation, mit der umzugehen sie nicht gelernt haben und die sie nicht in ihren bisherigen Erfahrungshorizont einordnen können. Daher liegt es nahe, dass oft vorschnell das Wort „Mobbing" verwendet wird. Doch nicht jedes unerwünschte Verhalten von Kollegen oder Vorgesetzten kann als „Mobbing" bezeichnet werden.

Oft liegt „lediglich" ein Konflikt vor, nämlich dann, wenn „keine Systematik erkennbar ist" und „wenn beide Streitparteien gleich stark sind" (Stock 2011, S. 7). „Mobbing ist immer ein Konflikt, aber nicht bei jedem Konflikt liegt automatisch Mobbing vor." (Stock 2011, S. 9).

Bärbel Wardetzki führt den Begriff der Kränkung in die Diskussion ein und definiert Kränkungen „als einen speziellen Fall zwischenmenschlicher Konflikte (...), die sich dadurch auszeichnen, dass sie das Selbstwertgefühl angreifen und schwächen. Die Betroffenen haben das Gefühl, zu kurz zu kommen, weniger wert zu sein, benachteiligt oder sogar abgelehnt zu werden." (Wardetzki 2006, S. 10).

All diese Begriffe sind mit starken emotionalen Implikationen verbunden. Betroffene von Mobbing-Situationen fühlen sich oft auch gekränkt, weil Mobbing ganz gezielt das Selbstwertgefühl untergraben kann. Daher überschneiden sich diese Begriffe im persönlichen Erleben sehr stark, auch wenn sie theoretisch durch wissenschaftliche Definitionen voneinander abgegrenzt werden können. Die vorliegende Arbeit bezieht sich im Wesentlichen auf solche Situationen, die unter die Definition „Mobbing" fallen. Die vorgestellten Lösungsansätze können jedoch auch Personen helfen, die gemäß Definition zwar nicht „gemobbt" werden, aber dennoch psychosomatischen Belastungssituationen im weiteren Sinn ausgesetzt sind, weshalb sie nicht minder unter ihrer Situation leiden als per Definition von Mobbing Betroffene.

Der Begriff der Krise ist im Gegensatz zu den bisher erwähnten Begriffen Mobbing und Konflikt nicht von vornherein negativ besetzt. Eine Krise könnte man als eine Art existenzielle Weggabelung betrachten, an der sich der zukünftige Lebensweg aufgrund eigener oder fremder Entscheidungen ändert.

Manche Trainer weisen darauf hin, dass im Chinesischen das Wort „Krise" aus den beiden Wörtern für „Gefahr" und „Gelegenheit" zusammengesetzt sei (vgl. Kalnins/Röschmann 2010, S. 54; vgl. Meueler 2003, S. 16). „Wer sich in dieser Hinsicht von den Chinesen inspirieren lässt, erkennt, dass eine Krise nicht nur gefährlich, unangenehm, bedrohlich oder verhängnisvoll ist, sondern dass in jeder Krise auch die Chance des Neuen, des Besseren, der Hoffnung liegt." (Kalnins/Röschmann 2010, S. 54). Dieser Chance soll in der vorliegenden Arbeit nachgespürt werden.

Was ist Mobbing?

Zu Beginn stellt sich die Frage, was man unter Mobbing versteht.

In der Literatur findet sich mittlerweile ein Konsens, dass nur solche Handlungen unter die Definition „Mobbing" fallen, die a) wiederholt, b) regelmäßig (üblicherweise geht man davon aus, dass es mindestens einmal pro Woche erfolgen muss), c) über einen längeren Zeitraum erfolgen (hier wird meistens von einem Mindestzeitraum von 6 Monaten ausgegangen), d) irgendwann zu einer Eskalation führen und e) die Betroffenen in eine unterlegene Position bringen (sofern das nicht sowieso schon von Anfang an der Fall war) (vgl. Stock 2011, S. 6/7).

Die klassische Definition von Heinz Leymann, dem Gründer der „Gesellschaft gegen psychosozialen Stress und Mobbing e.V.", lautet:

„Unter Mobbing wird eine konfliktbelastete Kommunikation am Arbeitsplatz unter Kollegen oder zwischen Vorgesetzten und Untergebenen verstanden, bei der die angegriffene Person unterlegen ist (1) und von einer oder einigen Personen systematisch, oft (2) und während längerer Zeit (3) mit dem Ziel und/oder dem Effekt des Ausstoßes aus dem Arbeitsverhältnis (4) direkt oder indirekt angegriffen wird und dies als Diskriminierung empfindet." (Leymann 1995, S. 18).

Bei Seydl ist Mobbing „*ein individuell oder informell abweichender Prozess, bei dem ein oder mehrere angebbare Personen innerhalb ihrer organisationalen Mitgliedschaft Opfer von systematisch illegitimer negativer Sanktionierung werden; aufgrund eines Machtdefizits haben die Opfer Schwierigkeiten, die Kontrolle über die Situation zu bewahren und sich zu verteidigen.* Man spricht von Mobbing am Arbeitsplatz, wenn das Opfer in diesem organisationalen Zusammenhang als Arbeitnehmer oder -geber handelt." (Seydl 2007, S. 20, Hervorhebung im Original).

Obwohl nicht alle Mobbing-Situationen gleich sind, scheint Mobbing doch meist in Phasen zu verlaufen, die folgendermaßen gekennzeichnet sein können:

Phase 1 – Konflikte in der Organisation

Phase 2 – Mobbing etabliert sich

Phase 3 – Destruktive Personalverwaltung

Phase 4 – Ärztliche und/oder psychologische Fehldiagnosen, juristische Fehleinschätzungen

Phase 5 – Ausschluss aus der Arbeitswelt

(s. Haben/Harms-Böttcher 2001, S. 19).

Die fünfte Phase ist meist dann vorprogrammiert, wenn nicht durch Dritte (z.B. Betriebsrat, Anwälte, Arbeitgeber) in den Verlauf eingegriffen wird (a.a.O., S.18).

Die meisten Mobbing-Situationen resultieren aus einer „Wechselwirkung zwischen Fach- und Beziehungsaspekten" (Wolmerath/Esser 2012, S. 138), weshalb es außerordentlich schwierig für die Betroffenen ist, sich zu orientieren. „Viele Mobbingbetroffene suchen die Erklärungen für das Geschehen und die Lösungsmöglichkeiten im fachlichen Zusammenhang und übersehen Beziehungskonflikte. Andere fokussieren Beziehungskonflikte und blenden fachliche oder strukturelle Zusammenhänge aus." (a.a.O., S. 138). Dies stellt die Berater vor eine anspruchsvolle Aufgabe. „Beratung muss die Organisationsstruktur ebenso in den Blick nehmen wie die Tätigkeitsbeschreibung der Person, das Führungsverhalten des Vorgesetzten und weitere betriebliche Rahmenbedingungen." (a.a.O., S. 139).

Die Ursachen für Mobbing-Handlungen liegen dennoch meist nicht in den Beteiligten selbst, sondern sind Reaktion auf den wachsenden Konkurrenzdruck im Rahmen der ökonomischen Globalisierung, die eine neue Art von Verdrängungswettbewerb hervorgerufen hat. Der heimische Arbeitsmarkt geriet nicht nur durch Outsourcing und Rationalisierungen unter Druck, sondern auch durch den Einsatz billiger Leiharbeiter. Dies alles ruft vermehrt Existenzängste unter den Berufstätigen hervor (vgl. Döring 2011, S. 159).

Es gibt unterschiedliche Theorien über die Ursachen von Mobbing. „Thylefors (1999, S. 105, 119, 165) behauptet, dass Mobbing ein Sündenbockphänomen ist. Anstatt sich mit einem Problem auseinanderzusetzen, kann man es auf einen Sündenbock projizieren." (Seydl 2007, S. 57). Leider kann – „wie Eriksson (2001, S. 31-32) (fest)stellt ..." (Seydl 2007, S. 58) – „fast alles als Stigma verwendet werden" (Seydl 2007, S. 58). „Heinemann (1972, S. 19-26) beschreibt Mobbing als ein Ingroup/Outgroup-Phänomen, wo ein Individuum von einer Gruppe ausgeschlossen wird." (Seydl 2007, S. 59). Der „Konformitätsdruck" (a.a.O., S. 61) führt dazu, dass die Gruppe versucht, nur durchschnittliche Leistungen als gruppenkonform anzuerkennen, was dazu führt, dass sowohl „Underachieving" (a.a.O., S. 61), als auch „Outperforming" (a.a.O., S.61) von der Gruppe sanktioniert wird. Schikanen lassen sich daher meist nur abwenden, wenn ein Arbeitnehmer es „schafft, innerhalb einer bestimmten Bandbreite zu sein" (a.a.O., S. 61). Forschungsergebnisse belegen, dass „hauptsächlich Hochleister Mobbing ausgesetzt sind. Diese wissen ziemlich oft nicht, wofür sie bestraft werden, und versuchen, ihre Leistung zu erhöhen, was die Situation weiteranheizt. Genau genommen stellt die erhöhte Leistung ein vom Betrieb erwünschtes Verhalten dar. Dennoch disziplinieren die anderen Ingroupmitglieder den Abweichler wegen der Übertretung der informellen Gruppennorm." (Seydl 2007, S. 62).

Man kann auch die Frage stellen, ob Männer oder Frauen stärker von Mobbing betroffen sind. Es gibt hierüber unterschiedliche Statistiken – wie z.B. in Haben/Harms-Böttcher 2001, S. 44, in deren Beratung 79,5 % Frauen und 20,5 % Männer waren – doch letztlich ist es nicht klar, wie tragfähig Statistiken sind, denn die Dunkelziffer lässt sich schwer ausmachen. Männer scheinen ihre Probleme eher im Alleingang lösen zu wollen, wohingegen Frauen eine geringere Hemmschwelle haben, beispielsweise gesundheitliche Probleme zuzugeben (vgl. Haben/Harms-Böttcher 2001, S. 42). Es könnten jedoch auch andere Gründe vorliegen: „Männer haben gelernt, sich selbst zu vertrauen und sich abzugrenzen, wenn eine Beziehung ihr Ego zu verletzen droht. Verantwortung fühlen sie eher für sich als für Beziehungsstrukturen. Frauen übernehmen dagegen traditionell die Verantwortung für das Miteinander von Menschen, daheim und im Berufsleben." (a.a.O., S. 43f.). Letztlich hilft eine Statistik aber im konkreten Einzelfall nicht weiter (vgl. a.a.O., S.39).

Wirtschaftliche Folgen von Mobbing

„Für den Arbeitgeber entstehen Produktionsausfälle, zum Beispiel durch Krankheit, die berechnet werden können. Weiterer wirtschaftlicher Verlust kommt dadurch zustande, daß viele der ‚Mitarbeiter' gar nicht mehr *mit*arbeiten, sondern *aussteigen* – bis hin zur inneren Kündigung. Man macht seine Arbeit so weit, daß einem keiner ‚an den Karren fahren' kann (also der altbekannte „Dienst nach Vorschrift" im Verwaltungsbereich, d. Verf.). Aber Begeisterung und tieferes Interesse sind verflogen. Kreativität, das Aufspüren und Ausnutzen von Möglichkeiten – was ja Betrieben und Verwaltungen Kosten sparen und die Qualität verbessern kann –, findet nicht mehr statt. Hier liegt wahrscheinlich der unsichtbare Sockel des Eisbergs, dessen wirtschaftliches Kostenbild man nicht berechnen, sondern nur grob einschätzen kann." (Leymann 2006, S. 107, Hervorhebung im Original).

Fehlau spricht von volkswirtschaftlichen Schäden von jährlich „etwa 15 Milliarden Euro" (Fehlau 2012, S. 50), die bundesweit durch Mobbing und dessen Folgen entstehen. Er geht durchschnittlich von 25.000 Euro pro Mitarbeiter aus, bei einer geschätzten Mobbing-Quote von 3% der Belegschaft. Fehlau kommt zu der Formel: 3% der Mitarbeiter eines Betriebs x 25.000 Euro (vgl. Fehlau 2012, S. 49). – Die exakten Kosten mögen schwer bis gar nicht bezifferbar sein – im Rahmen dieser Arbeit ist die genaue Schadenshöhe nicht ausschlaggebend –, der Schaden, den eine Gesellschaft, nicht nur eine Volkswirtschaft, nimmt, wenn sie es zulässt, dass eine nicht unerhebliche Zahl ihrer Bürger „Psychoterror am Arbeitsplatz" (vgl. den Untertitel zu Leymann 2006) ausgesetzt ist, lässt sich mit Geld nicht bemessen.

Juristische Implikationen von Mobbing

Es gibt in Deutschland kein spezielles „Anti-Mobbing-Gesetz", das alle gesetzlichen Vorgaben in einem Werk zusammenfassen würde. Stattdessen müssen alle juristisch verwertbaren Sachverhalte aus verschiedenen Gesetzen zusammengesetzt werden, um als Argumentation bei gerichtlichen Auseinandersetzungen zu dienen.

Die übergreifende gesetzliche Vorschrift gegen Mobbing findet sich im Grundgesetz. Artikel 1, Abs. 1 besagt: „Die Würde des Menschen ist unantastbar. Sie zu achten und zu schützen ist Verpflichtung aller staatlichen Gewalt." Und in Artikel 2, Abs. 1 steht: „Jeder hat das Recht auf die freie Entfaltung seiner Persönlichkeit, soweit er nicht die Rechte anderer verletzt und nicht gegen die verfassungsmäßige Ordnung oder das Sittengesetz verstößt." (vgl. Knoop/Huber/Habermayr 2012/13, S. 787).

Eine gesetzliche Konkretisierung stellt das im Jahr 2006 in Kraft getretene Allgemeine Gleichbehandlungsgesetz (AGG) dar. Diese „Regelungen haben besondere Auswirkungen im Bereich des Arbeitslebens: Dort verpflichten sie Arbeitgeber und Betriebsrat zu Prävention und Hilfe. Mittlerweile existieren zahlreiche Betriebsvereinbarungen, die Mobbing verhindern und bekämpfen sollen. Eine große Zahl zusätzlicher Arbeitsschutzbestimmungen und hilfreiche Vorschriften aus dem Bereich des Sozialgesetzbuchs ergänzen diese Regelungen." (Däubler-Gmelin, H. in: Wolmerath/ Esser 2012, S. 43).

Von Mobbing Betroffene erhoffen sich oftmals von den Arbeitsgerichten eine Art moralischer Wiedergutmachung und Bestrafung der Täter, was in den seltensten Fällen von den Gerichten geleistet werden kann. Vielfach sind die Anfeindungen nur unzureichend beweisbar und daher juristisch wenig bis gar nicht zu ahnden, auch wenn die „Opfer" emotional stark darunter leiden. Hier muss mit Fingerspitzengefühl und mit klarem Sachverstand an das Thema herangegangen werden.

Viele Betroffene verkennen auch, dass „bereits die Einschätzung, was gerecht ist, (...) durch eine persönliche Sicht gefärbt" ist (Wardetzki 2006, S. 11). Betroffene verfügen oft über einen starken Gerechtigkeitssinn und erwarten – oftmals vergeblich – von ihren Vorgesetzten einen gerechten und fairen Umgang. Wenn die jeweiligen Wertvorstellungen und Deutungsmuster der Beteiligten nicht im Einklang stehen, sind Frustrationen und Konflikte unvermeidbar. Wardetzki kommt daher zu dem Schluss: „Der Kampf um Recht und Gerechtigkeit geht daher meist unbefriedigend aus." (Wardetzki 2006, S. 11).

Emotionale und psychosomatische Implikationen von Mobbing

„Die Folgen von (Mobbing als einer Form von, Einfügung d. Verf.) sozialem Stress können psychosomatische Erkrankungen sein, der Abfall der Leistung und der Arbeitsmotivation, seelische Beeinträchtigungen wie Depressionen oder zumindest der Verlust von Wohlgefühl und Freude, aber auch die Verschlechterung der sozialen Beziehungen." (Wardetzki 2006, S. 11/12). An dieser Stelle ist zu betonen, dass genau dieser Abfall von Leistungen oftmals von den Mobbern als Argumentation verwendet wird, um Dritten gegenüber aufzuzeigen, dass jemand nicht für seine Arbeitsaufgabe geeignet ist. Dabei wird ganz bewusst außer Acht gelassen, dass dieser Leistungsabfall nicht die Ursache von Mobbing, sondern dessen Folge darstellt (vgl. Haben/Harms-Böttcher 2001, S. 14). Diese Tatsache kann nicht genug betont werden, denn viele Betriebsräte versuchen m.E. immer noch, eine vermeintlich „objektive" Analyse beider Seiten durchzuführen, was im Nachhinein, sprich: sobald der Mobbing-Fall akut und daher dem Betriebsrat vorgelegt wird, eben nicht mehr möglich ist, da die Schieflage bereits eingetreten ist. Leymann weist darauf hin, dass ein „Mythos der ‚Selbstverschuldung' des Opfers" (Leymann 2006, S. 78) entstehen kann, also die irrige Annahme, dass der Mobbing-Betroffene „Charakterschwächen hat und ‚erst mal an sich arbeiten muß', ehe ihm vom Helfer geholfen werden kann. Damit vertieft sich die Verzweiflung beim Opfer. Es ist endgültig stigmatisiert. Und das bedeutet, daß alles, was er oder sie nun auch immer tut, von diesem Mythos aus beurteilt wird. Die Umwelt hat ihn krank gezaubert. (...) Daß sich daraus schließlich ausgewachsene, echte psychische Erkrankungen ergeben können, ist nicht weiter verwunderlich." (a.a.O., S. 78).

Seydl spricht von „ernsthaften Folgen", die Mobbing hervorrufen kann:

- „Verminderte Effektivität und Produktivität.
- Auflösung von vorherrschenden Regeln oder Festfahren von Regeln.
- Vermehrte Kritik am Arbeitgeber, mangelndes Vertrauen, allgemeines Gefühl der Unsicherheit.
- Vermehrte Kooperationsprobleme, z.B. Unverständnis für die Arbeitsweise anderer, Rückzug von der Gruppe oder von Arbeitsaufgaben, Machtspiele oder starke Cliquenbildung.
- Hohe Krankenstände, Substanzenmissbrauchsproblematik, Personalfluktuation und vermehrte Arbeitnehmerkündigungen." (Seydl 2007, S. 12).

Seydl hat die Korrelation zwischen Mobbing und Krankenstand untersucht und kommt zu dem Schluss, dass „aktuelle Mobbingopfer ... beinahe doppelt so oft krank (sind) wie andere" (a.a.O., S. 210). Als Grund vermutet er, „dass die Betroffenen eine permanente kognitive Dissonanz zwischen ihrer eigenen Arbeitssituation und den allgemein wünschbaren, sozialen Normen erleben. Eine solche Dissonanz ist sehr unangenehm. Die einzige Möglichkeit, dieser Situation zu entkommen, ist Krankenstand, weil man dann nicht ständig mit der dissonanten Situation konfrontiert ist. Außerdem könnte die ständige Dissonanz in psychosomatischen Erkrankungen (...) zum Ausdruck kommen" (a.a.O., S. 210). Doch das ist meist erst der Anfang.

„Mobbingopfer klagen nach einer gewissen Zeit häufig über unspezifische Symptome wie Magendrücken, Schlafstörungen, innere Unruhe oder Depressionen. Beim Mobbing können diese Symptome ohne weiteres zu einem anhaltenden Zustand werden, da die Attacken ja immer wieder über längere Zeit vorkommen." (Leymann 2006, S. 109). Hinzu kommen oft weitere Probleme, weil die Mobbing-Betroffenen „sich ständig mit dem Mobbing beschäftigen" (a.a.O., S. 109), also sogenannten „automatischen Gedankenvorgängen" (a.a.O., S. 109; vgl. den Begriff „Gedankensurfen" bei Arnold 2012a, S. 36) unterliegen, was den Körper unter zusätzlichen Stress setzt (vgl. Leymann 2006, S. 109). Die Ursache für diese sich im Kreise drehenden Denkschleifen, für diese „selbsterfüllenden Prophezeiungen" (Arnold 2012a, S. 33) liegt darin, dass wir für real halten, „was wir (herbei)fühlen" und zu fühlen meinen, „was real ist" (vgl. Arnold 2012a, S. 32).

Leymann beschreibt, dass durch langanhaltendes Mobbing bei den Betroffenen ein „generelles Angstsyndrom" (Leymann 2006, S. 112) entstehen kann, welches durch folgende Merkmale gekennzeichnet ist: motorische Spannungen, vegetative Übererregbarkeit, d.h. Hyperaktivität des autonomen Nervensystems, sowie durch Hypervigilanz (Wachsamkeit) und erhöhte Aufmerksamkeit. (vgl. Leymann 2006, S. 113). Hieraus kann sich dann „nach etwa einem halben Jahr anhaltenden Mobbings ein manifestes psychisches Problem" entwickeln, was nach etwa einem Jahr zu „einer generellen Angststörung" führen und nach zwei bis vier Jahren chronisch werden kann. (vgl. a.a.O., S. 113). Die Lebensqualität der Menschen sinkt zunehmend aufgrund von Depressionen oder Obsessionen und die Betroffenen finden den Weg nicht mehr zu einer befriedigenden Lebensgestaltung. (vgl. a.a.O., S. 113). – Eine solche Entwicklung kann meines Erachtens nicht ausschließlich „von außen" – beispielsweise durch psychiatrische Einrichtungen oder juristische Prozesse – aufgehalten werden. Wirkungsvoller erscheint es mir, wenn der Mobbing-Betroffene sein Leben rechtzeitig bewusst selbst in die Hand nimmt, also „von innen" an seiner psychischen Gesundheit arbeitet, um gar nicht erst in solche destruktiven Kreisläufe abzurutschen. Einen ersten Denkanstoß in diese Richtung soll der Reflexions- und Übungsbogen im „Selbsthilfe-Instrumentarium" anbieten.

Meueler beschreibt im Zusammenhang mit sozialen Denkmustern deren psychische Funktion anhand des Beispiels struktureller Arbeitslosigkeit: „Der Lohnabhängige muß die Arbeitslosigkeit als außerordentliche Bedrohung empfinden, nicht nur im Hinblick darauf, daß er keine Arbeit mehr hat, sondern auch deshalb, weil sie seine Identität als produktiv Arbeitender grundsätzlich in Frage stellt." (Meueler 2003, S. 68). – Ein Mobbing-Betroffener ist prinzipiell immer auch vom Verlust des Arbeitsplatzes bedroht, weshalb es nahe liegt, dass über kurz oder lang psychosomatische Beschwerden auftreten können. „Da der Körper in einer Krise die soziale Bedrohung gewöhnlich als physische Bedrohung wahrnimmt, bietet sich als Selbstschutz, als Fluchtmöglichkeit und Scheinlösung der ständigen Spannungen in jeder der ... Krisenphasen die Krankheit an." (a.a.O., S. 72). Meueler plädiert dafür, der Krankheit einen „biografischen Sinn" (a.a.O., S. 74) zu geben, um durch die „Entzifferung der Organsprache" (a.a.O., S. 79) den „Sinn von Erkrankungen" (a.a.O., S. 78) entschlüsseln zu lernen. – Hieraus ergibt sich die Überlegung, dass durch biografische Identitätsarbeit unter Umständen langwierige Krankheiten geheilt werden können. Dies geht sicher nicht von heute auf morgen, aber ein Versuch dürfte es wert sein.

Kapitel 2

Die Lösung

In diesem Teil wollen wir uns der „hellen Seite" zuwenden, also den Lösungsmöglichkeiten.

Niemand ist dazu verurteilt, sich in ein wie auch immer geartetes „Schicksal" zu ergeben.

Reaktionsmöglichkeiten in Mobbing-Situationen

Wenn Menschen neuen Situationen ausgesetzt sind, greifen sie üblicherweise auf das Reaktions-Repertoire zurück, das sie bislang im Leben mehr oder weniger erfolgreich angewandt haben. Dieses Repertoire ist bei jedem Menschen unterschiedlich ausgeprägt, da es sich aus den „eigenen" Lebenserfahrungen speist.

Um zu lernen, muss man jedoch nicht alle Erfahrungen selber machen, man kann auch aus den Erlebnissen Anderer – z.B. Familie, Verwandten- und Bekanntenkreis, Biografien, historische Texte, Romane, Gedichte – lernen und seine Schlüsse ziehen. Dieses Repertoire wird nicht nur aus „kognitiven Deutungsmustern" gespeist, sondern ebenso aus den dazugehörigen „Emotionsmustern" (vgl. Arnold/Siebert 2006, S. 87).

Wie ändere ich mich nun selbst? Der Vorschlag dieser Arbeit lautet: Ich versuche, einen Überblick über meine Kompetenzen, meine Ressourcen und meine Identität zu bekommen. Dann überlege ich, welches Ziel ich im Leben verfolgen will oder anders gesagt, was meine Berufung ist, und ob ich sie am jetzigen Arbeitsplatz realisieren kann, und wenn ja, unter welchen Bedingungen. Wenn nein, stellt sich die Frage, welche Kompetenzen oder Ressourcen mir ggf. für die Zielerreichung fehlen und wie ich sie erwerben kann.

Dieser Vorgang sollte begleitet werden durch die kontinuierliche Reflexion eigener Denk- und Emotionsmuster, um zu vermeiden, dass ich mir selbst im Wege stehe.

Bevor ich mich ändern kann, muss ich also erst einmal herausfinden, wer ich bin. Arnold schildert in seinem Werk „Die emotionale Konstruktion der Wirklichkeit" die Ödipus-Sage und stellt resümierend fest, „dass einem das Leben nicht gelingen kann, wenn man zwar schlau selbst die schwersten Herausforderungen zu meistern vermag, aber seine Wurzeln nicht kennt." (Arnold 2010a, S. 194).

Die Reflexion zu diesem Fragenkomplex soll durch das „Selbsthilfe-Instrumentarium" unterstützt werden.

Kompetenzentwicklung

Um Kompetenzen entwickeln zu können, muss zuerst geklärt werden, was Kompetenzen sind. Der Kompetenzbegriff erfuhr vielfältige Definitionen und Anwendungsweisen, seit der Sprachwissenschaftler Noam Chomsky ihn im Zusammenhang mit Spracherwerb aufgriff und es als „Sprachkompetenz" bezeichnete, wenn Sprecher und Hörer „mit Hilfe eines begrenzten Inventars von Kombinationsregeln und Grundelementen potenziell unendlich viele, auch neue, noch nie gehörte Sätze selbst bilden und verstehen ... können". (Erpenbeck/Sauter 2007, S. 63; vgl. Chomsky 1969). Als die lt. Erpenbeck/Sauter (Erpenbeck/Sauter 2010a, S. 79; Erpenbeck/Sauer 2007, S. 66) „umfassendste Kompetenzdefinition" dürfte die von Peter Kappelhoff gelten:

„Kompetenzen sind evolutionär entstandene, generalisierte Selbstorganisationsdispositionen komplexer, adaptiver Systeme – insbesondere menschlicher Individuen – zu reflexivem, kreativem Problemlösungshandeln in Hinblick auf allgemeine Klassen von komplexen, selektiv bedeutsamen Situationen (Pfaden)." (Kappelhoff 2004, zit.n. Erpenbeck/Sauter 2007, S. 66).

Hier steht vor allem das Problemlösungshandeln im Vordergrund, und zwar in selbstorganisierter Weise. Kappelhoff spricht von „evolutionär entstandenen" Selbstorganisationsdispositionen. Die vorliegende Arbeit geht davon aus, dass diese „Fähigkeit, selbstorganisiert zu denken und zu handeln" (Erpenbeck/Sauter 2010a, S. 80) im Laufe des Lebens erlernt werden kann. Kompetenzen können entweder angeboren, also genetisch bedingt sein, oder aber im Laufe des Lebens aufgrund unterschiedlicher Anregungen von außen – der Konstruktivismus spricht hier von „Perturbationen" (Maturana/Varela 1987, S. 108) – durch einen Lernvorgang erworben werden. (vgl. Erpenbeck/Sauter 2007, S. 65).

Welche Kompetenzen werden zur Bewältigung von Mobbing-Situationen benötigt?

Zur Bewältigung von Mobbing-Situationen können solche Kompetenzen hilfreich sein, die Menschen dazu befähigen, auch in Krisensituationen nicht aufzugeben. Die Resilienzforschung, die „nach den inneren Voraussetzungen für die erfolgreiche Gestaltung des eigenen Lebens – trotz schwierigster Bedingungen und Belastungen" (Arnold 2010b, S. 56) fragt, fand heraus, dass es im Wesentlichen **sechs Schutzfaktoren gibt, die die Resilienz eines Menschen fördern**: Selbstwahrnehmung, Selbstregulation, Selbstwirksamkeit, Soziale Kompetenz, Umgang mit Stress, Problemlösen (vgl. Schlumpf 2012, S. 65).

Diese sechs Schutzfaktoren finden sich (allerdings nicht wörtlich) als Kompetenzen auch im Kompetenzatlas nach Erpenbeck/Heyse wieder (vgl. Erpenbeck/Sauter 2007, S. 73). Der Kompetenzatlas geht von einer „Kompetenzarchitektur" aus, deren Fundament „sogenannte Metakompetenzen" sind (Erpenbeck/Sauter 2010a, S. 83). Als Beispiele werden genannt: Selbsterkenntnisvermögen, Selbstdistanz, Wertrelativismus, Empathie, Situations- und Kontextidentifikationsfähigkeit, Interventions- und Lösungsfähigkeit.

Der Kompetenzatlas unterscheidet die Grundkompetenzen in vier Kompetenzbereiche:

P: Personale Kompetenz – reflexiv in Bezug auf die eigene Person

A: Aktivitäts- und Handlungskompetenz – in Bezug auf die Intensität der Aktivität

F: Fach- und Methodenkompetenz – in Bezug auf Sachverhalte

S: Sozial-kommunikative Kompetenz – in Bezug auf Andere

(vgl. Erpenbeck/Sauter 2010a, S. 84).

Die sechs Schutzfaktoren lassen sich m.E. wie folgt in die Kompetenzen des Kompetenzatlasses übersetzen:

- Selbstwahrnehmung – Metakompetenz
- Selbstregulation – personale Kompetenz im Sinne von: Disziplin, Zuverlässigkeit, normativ-ethische Einstellung, Loyalität, Eigenverantwortung
- Selbstwirksamkeit – Aktivitäts- und Handlungskompetenz im Sinne von: Tatkraft, Ausführungsbereitschaft, Initiative, Ergebnisorientiertes Handeln, Gestaltungswille, Beharrlichkeit
- Soziale Kompetenz – Sozial-kommunikative Kompetenz im Sinne von: Kommunikationsfähigkeit, Kooperationsfähigkeit, Beziehungsmanagement, Anpassungsfähigkeit, Sprachgewandtheit, Verständnisbereitschaft, Gewissenhaftigkeit, Integrationsfähigkeit
- Umgang mit Stress – Aktivitäts- und Handlungskompetenz im Sinne von: Belastbarkeit, Mobilität, Optimismus
- Problemlösen – Sozial-kommunikative Kompetenz im Sinne von: Problemlösungsfähigkeit, Konfliktlösungsfähigkeit; aber auch Fach- und Methodenkompetenz im Sinne von: Systematisch-methodisches Vorgehen, Konzeptionsstärke, Fachwissen, Marktkenntnisse, Folgebewusstsein.

„Unter **Resilienz** wird die Fähigkeit von Menschen verstanden, Krisen im Lebenszyklus unter Rückgriff auf persönliche und sozial vermittelte Ressourcen zu meistern und als Anlass für Entwicklung zu nutzen." (Welter-Enderlin 2006, S. 13).

Inwiefern lassen sich diese Kompetenzen für Mobbing-Situationen nutzbar machen? Diese Frage soll im Folgenden anhand der sechs Schutzfaktoren (s.o.; vgl. Schlumpf 2012, S. 65) erläutert werden.

„**Selbstwahrnehmung** (– der erste Schutzfaktor, d. Verf. –) bedeutet die Fähigkeit, die eigenen Gedanken, Gefühle und Körperempfindungen wahrnehmen zu können, und sich dabei zu sich selbst und der Wahrnehmung anderer Personen in Beziehung setzen zu können." (Schlumpf 2012, S. 66). Menschen mit einer präzisen Selbstwahrnehmung haben in Mobbing-Situationen den Vorteil, dass sie nicht nur ihre eigenen Gefühle wahrnehmen können, sondern auch leichter nachvollziehen können, wie andere Menschen sich fühlen. Dies hilft ihnen, ein Stück weit Abstand zu gewinnen von dem Strom eigener Emotionen und die Situation reflexiv als Beobachter sehen zu lernen. Durch diese neue Perspektive kann die von Mobbing betroffene Person die Beweggründe Anderer schneller eruieren und sie daher in die Lösungsfindung mit einbeziehen.

Selbstregulation, – der zweite Schutzfaktor – ist die Fähigkeit, „seine Erregungszustände selbständig zu modulieren" (Schlumpf 2012, S.66). Menschen, die über Selbstregulation verfügen, reagieren nicht einfach spontan, ohne nachzudenken, sondern sie haben gewissermaßen eine innere Kontrollinstanz, die vorab entscheidet, welche Reaktion nach außen gezeigt werden soll und welche Emotionen in bestimmten Situationen klugerweise nicht in Handlungen umgesetzt werden sollten. Dadurch erhöhen sie „die strukturelle Verträglichkeit des Organismus (hier: ihrer Person, d. Verf.) mit dem Milieu (hier: ihr Arbeitsplatz, d. Verf.)" (Maturana/Varela 1987, S. 113), also das, was Maturana/Varela „Anpassung" nennen. (a.a.O.). Anders gesagt: Indem sie sich am Arbeitsplatz in angemessener Weise verhalten, tragen sie dazu bei, ihren Arbeitsplatz nicht aufgrund verhaltensbedingter Ursachen zu verlieren.

„Vertrauen in die eigenen Fähigkeiten und verfügbaren Mittel und die Überzeugung, ein bestimmtes Ziel auch durch Überwindung von Hindernissen erreichen zu können, bedeutet selbstwirksam zu sein." (Fröhlich-Gildhoff/Rönnau-Böse 2009, S. 47). Die **Selbstwirksamkeit**, – der dritte Schutzfaktor – von Mobbing-Betroffenen aufrecht zu erhalten oder gar zu stärken, ist m.E. einer der wichtigsten Aspekte im Widerstand gegen Mobbing. Wenn Menschen in ihrem Leben auf positive Erfahrungen zurückblicken können, in denen sie Hindernisse aus eigener Kraft ausgeräumt haben oder beharrlich ein lohnendes Ziel verfolgten, bis sie dieses erreichten, kann ihnen dies das nötige Vertrauen in ihre Selbstwirksamkeit geben, das auch für Mobbing-Situationen unabdingbar ist. Damit einher geht die bewusste Aufrechterhaltung der eigenen Handlungsfähigkeit, um nicht in eine passive Opfer-Rolle abzugleiten. Arnold spricht von einer „seelischen Grundtendenz zur Selbstwirksamkeit und zum Selbstwirksamkeitserleben ..., die bisweilen die entscheidende Rolle in der Individuation spielt: Wird Selbstwirksamkeit erlebt und gelebt, so können selbst beeinträchtigende Rahmenbedingungen eines biographischen Starts ihre Wirkkraft verlieren." (Arnold 2010b, S. 56).

Soziale Kompetenz, – der vierte Schutzfaktor –, im Zusammenhang mit dem „Kompetenzatlas" wie folgt aufgeschlüsselt: „sozial-kommunikative Kompetenz im Sinne von: Kommunikationsfähigkeit, Kooperationsfähigkeit, Beziehungsmanagement, Anpassungsfähigkeit, Sprachgewandtheit, Verständnisbereitschaft, Gewissenhaftigkeit, Integrationsfähigkeit" (s.o.), ist in Mobbing-Situationen zwar äußerst hilfreich, doch darf nicht die gesamte Verantwortung für gelingende Kommunikationsleistungen auf den Mobbing-Betroffenen abgewälzt werden. Zu einer gelingenden Kommunikation, Kooperation, Integration gehören mindestens zwei Beteiligte. In akuten Mobbing-Situationen kann nicht in jedem Fall bei allen Beteiligten davon ausgegangen werden, dass sie eine gute Zusammenarbeit anstreben. Die Mobbing-Handlungen könnten auch zum Ziel haben, dem Mobbing-Betroffenen gezielt eine Integration zu verweigern, unabhängig von dessen Anstrengungen. Fröhlich-Gildhoff/Rönnau-Böse haben einen

Zusammenhang zwischen sozialer Kompetenz und Selbstwahrnehmung bzw. Selbstwirksamkeit festgestellt: „Hat jemand ein geringes Selbstwerterleben, wird das Verhalten davon beeinflusst und schränkt die Handlungsmöglichkeiten in der sozialen Situation ein." (Fröhlich-Gildhoff/Rönnau-Böse 2009, S. 49).

Soziale Kompetenz kann auch bedeuten, dass ich erkenne, inwiefern ich für die Anderen „schwierig" (Arnold 2012a, S. 87) bin, denn „wir inszenieren uns niemals nur vor uns selbst, sonders stets im Blick auf die soziale Resonanz. Und umgekehrt liefert uns das Soziale das Material, mit welchem wir uns in unsrem Denken, Fühlen und Handeln auf die anderen beziehen und aus dieser Bezogenheit unsere soziale Identität jeweils neu bestimmen." (Arnold 2012a, S. 121). Daher ist es für Mobbing-Betroffene so schmerzhaft, diese soziale Identität nicht (mehr) zu erleben. Eine Neuorientierung der persönlichen Identität muss stets einhergehen mit einer (Neu-)Findung der sozialen Identität (vgl. Meueler 2003, S. 54). Der „rote Faden" muss sich also durch beides ziehen. Die persönliche Identität eines Menschen ist sozusagen eingebettet in seine soziale Identität, denn Systeme sind zwar autopoietisch (selbst erzeugend, selbst reproduzierend; Maturana/Varela , S. 50; Luhmann 1991, S. 60ff), autokatalytisch (selbstselektiv; vgl. Luhmann 1991, S. 170, 260), selbstreferenziell (auf sich selbst bezogen) und operational geschlossen (Maturana/Varela 1987, S. 100), aber nicht komplett geschlossen und autark (vgl. Luhmann 1991, S. 558).

Die **Fähigkeit zum richtigen Umgang mit Stress** – der fünfte Schutzfaktor – ist heutzutage ein Thema, weil es vielen Menschen an körperlicher Bewegung mangelt, wodurch ein mittleres Maß an Stress auf natürliche Weise abgebaut würde. Stress meinte ursprünglich „Anspannung, Verzerrung, Verbiegung, vor allem auf dem Gebiet der Materialprüfung, etwas von Metallen und Glas". (Vester 1988, S. 15). Im Jahre 1950 übertrug der Biologe Hans

Selye den Begriff auf medizinische Vorgänge, „nämlich die Belastungen, Anstrengungen und Ärgernisse, denen ein Lebewesen täglich durch Lärm, Hetze, Frustrationen, Schmerz, Existenzangst und vieles andere ausgesetzt ist". (a.a.O., S. 15). „Wie stressig eine Situation empfunden wird, hängt immer von den subjektiven Bewertungen der Person ab." (Fröhlich-Gildhoff/Rönnau-Böse 2009, S. 51). „Die Art der Bewertungen ist abhängig von bisherigen Lebenserfahrungen, von Möglichkeiten der kognitiven Informationsverarbeitung, dem Verstehen von Situationen, Fähigkeiten zur Emotionsregulation bzw. Selbststeuerung. (...) Die Bewältigung der stresserzeugenden Situation hängt mit dem Ausgang der Bewertung zusammen." (a.a.O., S. 52). Daher ist der erfolgreiche Umgang mit Denkmustern ein unverzichtbarer Teil zur Bewältigung von stressbesetzten Krisensituationen. – Mobbing-Situationen können die Betroffenen unter enormen Stress bringen, der sich wiederum in den unterschiedlichsten psychosomatischen Beschwerden äußern kann. Daher ist es für Mobbing-Betroffene existenziell wichtig, zu lernen, wie sie ihr Stress-Empfinden bewusst regulieren können.

Problemlösen – der sechste Schutzfaktor – ist eine „lebens- und lernbereichsübergreifende Kompetenz." (Fröhlich-Gildhoff/Rönnau-Böse 2009, S. 52). „Diese Fähigkeit ist notwendig, um Schwierigkeiten bewältigen zu können, aber auch für die allgemeine Weiterentwicklung und Ausbildung von Gehirnstrukturen. Dabei kommt es auch darauf an, in besonders belasteten Situationen Entscheidungen treffen zu können." (a.a.O., S. 53). Sir Karl Raimund Popper betitelt sogar eines seiner Bücher mit „Alles Leben ist Problemlösen". (Popper 1994). Unsere normale Schulbildung ist immer noch zu sehr auf die Reproduktion von Inhalten, anstatt auf die kreative Lösung von Problemen ausgerichtet. Es gibt jedoch zahllose Beispiele von Menschen, die trotz gewisser von der Norm abweichender Lernpräferenzen, man würde es heute vermutlich Schwächen nennen, die Gesellschaft oder die

Wissenschaft voran brachten. Beispielsweise wäre hier Benoit Mandelbrot zu nennen, auf den die Fraktaltheorie, besser bekannt als „Chaos-Theorie", zurückgeht. „Selbst heute behauptet Mandelbrot, er könne nicht das Alphabet und die Benutzung eines Telefonbuchs sei ihm eine Qual, doch könne er Dinge sehen, die anderen Menschen verborgen sind. So sagte er beispielsweise: ‚Ich kann nicht selbst Computer programmieren, aber ich habe herausgefunden, wie ich mich bei der Arbeit sehr effektiv mit mehreren hervorragenden Leuten austauschen kann, mit Studenten und Assistenten, aber auch mit Kollegen (...). Ich habe dabei sogar eine Fähigkeit zur Fehlersuche in Programmen entwickelt, die ich gar nicht lesen kann – indem ich nämlich die falschen Bilder analysiere, die von solchen Programmen erzeugt werden." (Briggs/Peat 1997, S. 128). Die Autoren kommen zu dem Schluss: „Weil die höchst abstrakte Mathematik, die man in der Schule lernte, den jungen Mandelbrot frustrierte, wuchs in ihm eine Faszination für die geometrische (oder vielmehr nichtgeometrische) Unregelmäßigkeit in der Welt um ihn herum." (a.a.O. S. 128). Es müssen nicht immer die etablierten Wege sein, auf denen etwas gelingt. Meistens sind sie es gerade nicht, denn sonst bestünden unsere Probleme überhaupt nicht, denn ein anderer hätte sie bereits auf konventionelle Weise lösen können.

Identitätslernen – die eigene Mitte finden

Die genannten Kompetenzen aus der Resilienz-Forschung sind in Mobbing-Situationen sehr hilfreich für die Betroffenen, um mit ihrer Situation erfolgreich umzugehen.

Doch wie kann jemand nun diese Kompetenzen erwerben? Die Grundkompetenzen können mittels Learning Management Systemen gezielt erlernt werden (Erpenbeck/Sauter 2010b, S. 153). Doch die wenigsten Mobbing-Betroffenen werden von ihrem Arbeitgeber zum Kompetenzerwerb im Rahmen solcher Angebote freigestellt, sondern sie werden stattdessen gezielt von solchen Projekten ferngehalten – falls es sie im jeweiligen Unternehmen überhaupt gibt.

Doch auch ohne etabliertes Learning Management System im Unternehmen ist eine Kompetenzentwicklung möglich, denn: „Wir sind heute wieder zu den Wurzeln des Lernens zurückgekehrt. Wir führen Lernen und Arbeiten wieder zusammen. Wir nutzen Arbeitsprozesse als Katalysatoren der Kompetenzentwicklung: Erst bei der Lösung von Praxisproblemen, in realen Entscheidungssituationen werden die notwendigen kognitiven Dissonanzen erzeugt, die emotionalen Labilisierungsprozesse initiiert, um Kompetenzen handlungswirksam zu verankern." (Erpenbeck/Sauter 2010b, S. 157). **Das bedeutet für einen Mobbing-Betroffenen, dass er durch seine momentane Situation genau die richtigen Voraussetzungen vorliegen hat, die er für seine persönliche Kompetenzentwicklung benötigt**: er hat ein Praxisproblem („Wie schaffe ich es, nicht mehr gemobbt zu werden?"), es handelt sich um mindestens eine reale Entscheidungssituation („Kündigen oder bleiben?"), die kognitiven Dissonanzen sind bereits vorhanden („Liegt es an mir oder an den anderen?") und die emotionale

Labilisierung ist meistens auch bereits eingetreten – er fühlt sich bereits schlecht und weiß nicht, wie die Situation einzuschätzen ist. Der Mobbing-Betroffene benötigt also kein institutionalisiertes Learning Management System, sondern er befindet sich bereits mitten drin in seinem persönlichen Kompetenzentwicklungs-Szenario, sofern er es als solches zu interpretieren bereit ist.

Wie kann Erwachsenenbildung dazu beitragen, dass Menschen in ihrer Persönlichkeitsentwicklung gestärkt werden und ihr Selbst, ihre „Mitte" finden können? Meines Erachtens liegt einer der Schlüssel im Identitätslernen, also darin, dass Menschen sich bewusst werden, wer sie sind, und zwar nicht nur in Relation zu sich selbst, sondern in Relation zu ihrer Umgebung, zu ihrer Vergangenheit als Gemeinschaft, zu ihrem Eingebettetsein in verschiedene soziale Zusammenhänge und Strukturen.

Ethnische oder religiöse Minderheiten haben es bekanntermaßen meist schwer, sich in der jeweiligen Mehrheitsgesellschaft zu etablieren. Umso erstaunlicher ist es daher, dass es jüdischen Minderheiten überall auf der Welt mehrheitlich sehr erfolgreich gelungen ist, einen Weg der Wahrung ihrer Identität und der Selbstbehauptung einzuschlagen. Was haben sie anders gemacht?

Es ist zu vermuten, dass wir Entscheidendes aus der Art und Weise lernen können, wie die Juden aller Jahrhunderte durch das Studieren und die Auseinandersetzung mit ihren heiligen Schriften – sprich durch Bildung – kontinuierlich an ihrer Identität als Gemeinschaft und als Individuen gearbeitet haben. „Jüdischen Menschen gelang es, sich innerlich gegen die anhaltende Unterdrückung aufzubäumen, Resignation in Aktion umzuwandeln. Dabei spielten die Verbreitung und Aneignung von Bildung eine wichtige Rolle." (Müller-Commichau 2009, S. 76). Meines Erachtens war es genau diese Art von Bildung, die ihnen das mentale Überleben trotz existenzieller Anfeindungen gesichert hat. In seinem Kapitel über jüdische Erwachsenenbildung im Nationalsozialismus schreibt Müller-Commichau: „Jedes öffentliche Vortragen, jedes Hören von Vorträgen, jedes Auffrischen von Wissen diente dem mentalen und intellektuellen Überleben. Menschen, die keinen Wissensdurst mehr haben, sind auf dem Weg, sich auch körperlich aufzugeben. Und: Wer sich mit Geistigem beschäftigt, vermag die Bedrängnisse des Körpers länger auszuhalten." (Müller-Commichau 2009, S. 84).

Es handelt sich um eine Bildung, die „dem Subjekt Abkürzungshilfen und Zugänge zur Differenz ermöglichen (...) (kann, d. Verf.). Denn wir müssen in unserer Entwicklung nicht alles aus uns selbst heraus neu erschaffen, es ist möglich und hilfreich, sich der Einsichten und Erfahrungen der Generationen vor uns zu bedienen. Diese können uns nicht nur zu einer Neudeutung, sondern auch zu einer Neugestaltung unserer Biographie verhelfen, indem wir ihre Überlieferungen in uns wirken lassen." (Arnold 2010b, S. 175).

Es spricht vieles dafür, dass Menschen gerade in schwierigen Lebenssituationen ihre Persönlichkeit am stärksten entwickeln können (vgl. Arnold 2010b, S. 160) und – so die These dieser Arbeit – diese Persönlichkeitsentwicklung ihnen die positive emotionale Bewältigung von krisenhaften Situationen ermöglicht. So kommt auch Schlumpf zu folgendem Schluss: „Das Durcharbeiten der traumatischen Kriegserfahrungen scheint, obwohl durchaus schmerzlich, zu ihrem (d.h. der Überlebenden des Zweiten Weltkriegs, d. Verf.) persönlichen Wachstum beigetragen zu haben." (Schlumpf 2012, S. 121). Diese Einschätzung wird auch von Meueler geteilt, der Krisen ebenfalls als Anregungen für Lernvorgänge interpretiert: „Das Lernen, das dem Betroffenen in der Krise abverlangt wird, erschöpft sich nicht in der Abwehr aktueller Bedrohung. Als erstes aktivieren die beunruhigenden neuen Anforderungen den Überlebenswillen und schon verfügbare Bewältigungsprogramme im Fühlen, Denken, Wollen und Handeln in koordinierter Form. Da bei deren Versagen gänzlich neue, realistische Seh- und Verhaltensweisen ausgebildet werden müssen, kommen intensive Entwicklungsprozesse in Gang, die ohne die erschwerten Bedingungen der Krise nicht oder sehr viel zögerlicher zustandegekommen wären." (Meueler 2003, S. 46).

Für Meueler ist Identität „keine feste Größe ..., die man ein für allemal in seinem Leben wie einen akademischen Titel erwirbt." (Meueler 2003, S. 55). Meueler beschreibt das, was er „Ich-Identität" nennt, als Balanceakt zwischen der „Sozialen Identität" und der „Persönlichen Identität". Die Soziale Identität ist der „Versuch, normierten Erwartungen anderer zu entsprechen, nicht aufzufallen, ununterscheidbar zu sein, den Zusammenhalt mit anderen nicht durch Extravaganzen zu gefährden" (Meueler 2003, S.54). Und Persönliche Identität ist der „Versuch, unverwechselbar ich selbst zu sein, mich von anderen zu unterscheiden, meinen eigenen Bedürfnissen zu entsprechen, eine persönliche Linie durchzuhalten" (a.a.O., S. 54).

Allerdings betrachtet Meueler Identität als eine „Fiktion", also „eine gedankliche Annahme", die „in einem kreativen Akt jeweils neu erarbeitet" wird (a.a.O., S. 60). Dies mag seiner Gegenüberstellung von Identität und Realität zwar gerecht werden, passt aber nicht gut zum Ansatz der vorliegenden Arbeit, die von der These ausgeht: „Jedes Tun ist Erkennen, und jedes Erkennen ist Tun" (Maturana/Varela 1987, S. 31). Identität und Realität sind hier keine Gegensätze, die gegeneinander abgewogen und abgeglichen werden müssen, sondern sie sind eine Einheit. Die Zirkularität von handelndem Erkennen und erkennendem Handeln erlaubt uns, unsere Identität als unserer Wirklichkeit entsprechend wahrzunehmen. Im Grunde bleibt uns auch nicht viel anderes übrig, da wir unsere Identität nur autopoietisch und selbstreferenziell in uns selbst „erschaffen" können. Die Frage, ob wir mit unserer Einschätzung „richtig" liegen, stellt sich so überhaupt nicht, denn es gibt keine Instanz, die das statt unserer selbst für uns entscheiden könnte. Andere „Systeme" mögen zu unterschiedlichen Einschätzungen gelangen, diese Sichtweisen sind jedoch in gleichem Maße „berechtigt", da sie ebenfalls autopoietisch und selbstreferenziell entstanden sind. Soweit die reine Erkenntnisfrage. Die Frage der „Viabilität" (vgl. Arnold 2010a, S. 28) ist damit noch nicht beantwortet. Daher geht die Entwicklung der „persönlichen Identität" mit der Entwicklung der „sozialen Identität" einher. Die eine kann ohne die andere nicht als sinnvoll erfahren werden. Luhmann stellt fest, dass der „Sinn eines Systems nur durch Bezug auf ein umfassenderes System geklärt werden kann". (Luhmann 1991, S. 559). Nur wenn unsere „soziale Identität" an eine Gemeinschaft (also ein „umfassenderes System" als wir selbst; vgl. a.a.O.; S 559) rückgebunden wird, haben wir das Gefühl, mit unserer ganzen „persönlichen Identität" dazu zu gehören.

Identitätsentwicklung am Beispiel des jüdischen Bildungsideals

Welcher Umgang mit der Frage nach der eigenen Identität als Individuum und als Gemeinschaft war es nun, der den Juden half, jahrhundertelange Anfeindungen zu überstehen?

Wenn man in das Alte Testament schaut, stößt man auf unzählige narrative Überlieferungen, deren Botschaft stets eine existenzielle ist. Es geht nicht um die Weitergabe historischer Daten, sondern die Erzählungen haben den Charakter von Lebensweisheiten. Sie wollen zum Nachdenken anregen, indem sie lebensweltlich relevante Denkmuster zur Verfügung stellen, die nicht immer auf den ersten Blick als solche erkennbar sind. Margarete Susman hat 1946 als erste Schriftstellerin im deutschen Sprachraum den Versuch unternommen, die Shoah „anhand biblischer Gestalten theologisch zu interpretieren" (Ben-Chorin/Lenzen 1948, S. 493). Das Buch Hiob thematisiert die unverschuldete Gottesferne und Verlassenheit, das beharrliche Festhalten am Glauben trotz augenscheinlicher Unlogik und Kritik durch Außenstehende. Hiob ist sozusagen das Buch der Grenzerfahrungen, anfänglich ohne jegliche plausible Antwort. „Aber trotz dieser äußersten Gefährdung weiß das jüdische Volk, dessen Schicksal sich rein im Schicksal Hiobs abzeichnet, daß es die Wirklichkeit seines Heils in sich trägt." (Köhler 1993, S. 177). „Denn allein der Jude wird als Jude, als Träger seiner Heilswirklichkeit geboren." (Ben-Chorin/Lenzen 1948, S. 110). „Die jüdische Existenz als Dasein in der Fremde, die dem Christen nur in der Verfolgung bekannt wird, ist aber – im Gegensatz zur Verfolgungssituation – keineswegs gebunden an eine religiöse Glaubensüberzeugung, sondern lebt auch fort im Bewußtsein derjenigen Juden, die sich nicht als Glieder der jüdischen Glaubensgemeinschaft fühlen und bekennen." (Köhler 1993, S. 177f.). Bodenheimer betrachtet „das jüdische Bewusstsein, im Exil zu leben" (Bodenheimer 2012, S. 16) und damit verbunden die „jüdische Strategie ..., mit Vertreibungen und Verfolgungen umzugehen" (a.a.O., S. 16) als „konstitutives Element des Judentums überhaupt" (a.a.O., S. 16).

Die Parallelität zur Mobbing-Situation ist m.E. dadurch gegeben, dass sich die Mobbing-Betroffenen ebenfalls meist außerhalb etablierter Zugehörigkeitsstrukturen fühlen. Sie werden entweder bewusst von ihren Kollegen oder ihrem Vorgesetzten ausgegrenzt oder sie leiden subjektiv an ihrem „Nicht-dazu-Gehören" – eine Situation, die für Juden in der Diaspora sozusagen der „Normalzustand" ist. Was ein Mobbing-Betroffener braucht, ist – wenn man die Parallele weiter verfolgen will – eine „Heimat", wo er sich zugehörig fühlt. Diese „Heimat"-Funktion kann von einer religiösen Gemeinde am Wohnort oder von einem Verein, in dem sich der Mobbing-Betroffene einbringen kann und er gerne gesehen ist, ansatzweise übernommen werden. Auch eine intakte Großfamilie kann zu einem starken Gemeinschaftsgefühl beitragen und emotionalen Halt in Krisenzeiten geben. Die Frage nach der inneren Zugehörigkeit ist jedoch untrennbar mit der Frage nach der eigenen Identität verknüpft. Daher kann eine echte Zugehörigkeit nur durch eine Weltanschauung geleistet werden, die über die eigene Begrenztheit hinaus weist (sie transzendiert), die viele Generationen umfasst (Nachhaltigkeit) und deren Befürworter sich durch ein gemeinsames Wertegefüge (Weltbild) verbunden wissen. Dabei muss es sich nicht notwendigerweise um eine religiöse Rückbindung handeln. Eine atheistische Weltanschauung wäre beispielsweise ebenso denkbar. Eine solche „Heimat" kann dann auch über eventuelle Inkompatibilitäten mit der aktuellen sozialen Umwelt hinweghelfen, da die emotionale Verbundenheit mit ihr nicht notwendigerweise hergestellt werden muss.

Das Christentum kennt eine Überlieferung, in der Jesus im sogenannten „Hohepriesterlichen Gebet" die Worte formuliert: „Sie (d.h. die Jünger Jesu, d.Verf.) sind nicht von der Welt, so wie ich nicht von der Welt bin." (Arenhoevel/Deissler/Vögtle 1968, NT, Joh. 17,16). Dem Christentum ist die Situation des Ausgegrenztseins und des Sich-fremd-Fühlens „in der Welt" ebenso inhärent wie dem Judentum. Nur wird im Christentum üblicherweise die „Heimat"-Frage von vornherein ins Jenseits verlagert: „Unsere Heimat aber ist im Himmel, woher wir auch den Retter erwarten, den Herrn Jesus Christus." (Arenhoevel/Deissler/Vögtle 1968, NT, Phil. 3,20) Oder: „Denn wir haben hier keine bleibende Stadt, sondern die zukünftige suchen wir." (Arenhoevel/Deissler/Vögtle 1968, NT, Hebr. 13,14) – Ein geistesgeschichtlich sehr erfolgreiches Konstrukt, das nahelegt, dass alle irdischen Zugehörigkeiten in irgendeiner Weise defizitär sein dürften.

Steven Silbiger geht in seinem Buch „The Jewish Phenomenon" der Frage nach, wie es kam, dass die Juden in den Vereinigten Staaten von Amerika überdurchschnittlich erfolgreich waren. „In the context of exploring the success factors of The Jewish Phenomenon, the Jewish identity is clearly an important one to Jews, although it is not always clearly defined and is sometimes taken for granted. Being Jewish brings with it a cultural, religious, ethnic and nationalist background that has enabled Jews to become successul in the United States." (Silbiger 2009, S. 12).

Als Bausteine dieses Phänomens erwähnt Silbiger vor allem folgende ausschlaggebenden Punkte:

a) **Vorbilder** – „I had no shortage of role models from my family, my community, the media and the world. Economic success was the norm in my Jewish community." (Silbiger 2009, S. 3). Es gibt offensichtlich jede Menge geeignete, heute noch lebende erfolgreiche Menschen, die sich der Einzelne zum Vorbild nehmen kann. In diesem Zusammenhang als nützlich zu bewerten sind auch die vielen Vorbilder aus der jüdischen Literatur, die die Tradition bereichern und aus denen die jüdische Gemeinschaft schöpfen kann. „As it has throughout the ages, their history of struggle and persecution continues to shape the Jewish identity today." (Silbiger 2009, S. 13). Es gibt genügend Vorbilder im Umgang mit Erfolg und Vorbilder im Umgang mit Verfolgung und Leid. An dieser Stelle sei lediglich erinnert an die beiden berühmten Erzählungen von Judith und von Ester, die beide ihr Volk jeweils unter Einsatz ihres Lebens vor großem Schaden bewahrten. (vgl. Arenhoevel/Deissler/Vögtle 1968, AT, Jud., Est.). Esters Mut wird bis zum heutigen Tag alljährlich am Purim-Fest gedacht. – Die Spanne des jüdischen Narrativs reicht bis hinunter zu den Ursprungsgeschichten, also den biblischen Erzählungen von der Erschaffung der Welt und des Menschen. Dieses konstruktive Meisterwerk ist eine kulturelle Leistung von enormer Tragweite (vgl. Volkov 2001, S. 121).

b) **Werte** – Das jüdische Phänomen, auf das Silbiger hier hinweist, ist keineswegs ein abstraktes Theoriegebilde. Diese Art von Werten ist durch die Traditionsweitergabe in die Emotionen und Handlungen ihrer Kulturträger eingeflossen, so dass hier eigentlich von tradierten Kompetenzen gesprochen werden müsste. Als spezifisch jüdische Werte bzw. Kompetenzen sieht Silbiger:

Individualität und Kreativität – Beispiel: Abraham bricht mit der Tradition, indem er seine Heimat Ur verlässt und in die Fremde aufbricht. (vgl. Silbiger 2009, S. 127 f). Unter den Stichworten Individualität und Kreativität rät Silbiger seinen Lesern, besonders darauf zu achten, dass sie keine sogenannten „killer phrases" in ihrem Denken zulassen. Gemeint sind Denkmuster, die uns vorab Schranken auferlegen, wie z.B. „Yes, but..." („Ja, aber...", Übs. d. Verf.), „Let's stick with what works." („Schuster bleib bei Deinen Leisten", Übs. d. Verf.). Diese negativen Denkmuster aufzulösen ist erst vor einigen Jahren als Thema in die wissenschaftliche Diskussion gelangt. (vgl. Arnold 2010a, S. 1). Umso mehr beeindruckt es, dass Silbiger den erfolgreichen Umgang mit ihnen als jüdisches Kulturgut betrachtet.

Verhältnis zu Geld – „Wealth is good" (Silbiger 2007, S. 12) im Gegensatz zu der eher negativen Bewertung von Reichtum, die im Christentum vorherrscht: „Ihr könnt nicht Gott dienen und dem Mammon." (Arenhoevel/Deissler/Vögtle 1968, NT, Luk. 16,13). „For Jews, on the other hand, wealth is a good thing, a worthy and respectable goal to strive toward. What's more, once you earn it, it is tragic to lose it. Judaism has never considered poverty a virtue. The first Jews were not poor, and that was good. The Jewish founding fathers, Abraham, Isaac an Jacob, were blessed with cattle and land in abundance. Asceticism and self-denial are not Jewish ideals. With your financial house in order, it is easier to pursue your spiritual life." (Silbiger 2007, S. 13). – Allerdings gibt es gerade im Judentum die Verpflichtung, auf das Gemeinwohl zu achten. Wohlstand taucht in den biblischen Narrativen nie als Verdienst eines Einzelnen allein auf, sondern die Erzväter, deren Reichtum explizit erwähnt wird (z.B. in Arenhoevel/Deissler/Vögtle 1968, AT, Gen. 32, 15-21) verwenden diesen immer zum

Wohle ihrer gesamten Sippe und des Gesindes und betrachten ihn als gottgegebenes Geschenk (Arenhoevel/Deissler/Vögtle 1968, AT, Gen. 31, 42).

Umgang mit Humor – „Wie lautet die Definition für einen Juden? Sehr einfach: Wenn man ihm einen Witz erzählt, kennt er ihn immer in anderer Form." (Ouaknin/Rotnemer 1998, S. 11). Es gibt unzählige jüdische Witze, die alle möglichen Sachverhalte aufgreifen, von politischen, sozialkritischen, aber auch selbstkritischen Themen. Durch ihr hervorragendes Netzwerk und die regelmäßigen Zusammenkünfte am Sabbat, bei dem es nicht nur um religiöse Gespräche geht, ist es ein Leichtes, ganze Sammlungen von Witzen zusammenzustellen. Ouaknin/Rotnemer erwähnen in ihrem Buch, dass ihre Sammlung so entstanden ist. „Mit der Zeit stand unsere Familie in dem Ruf, bestens bewandert zu sein in jüdischen und nichtjüdischen Witzen. Die Gäste waren gewarnt. Wer zu uns kam, mußte etwas zum großen opus humoristicum beisteuern." (Ouaknin/Rotnemer 1998, S. 11, Hervorhebung im Original). Und sie kommen zu dem nahe liegenden Schluss: „Ich fragte mich damals, ob dieses allmähliche Hinübergleiten von der Bibelauslegung zum Humor, von der erbaulichen Lektüre zum schallenden Gelächter nicht eigentlich dem Geist des Rituals entsprach, das wir bei jedem gemeinsamen Sabbatmahl begingen." (a.a.O. S. 11f) Und sie gehen sogar so weit, Humor als „Bestandteil des jüdischen Lebens" anzunehmen (a.a.O. S. 12). – Hier ein Beispiel für einen politischen jüdischen Witz, der den Umgang mit der Frage nach der jüdischen Identität im Nationalsozialismus auf die Spitze treibt: „Ein Beauftragter der NSDAP besucht eine Schule und fragt eines der Kinder: ‚Wer ist dein Vater?' ‚Unser aller Führer, Adolf Hitler!' ‚Und wer ist deine Mutter?' ‚Die Hitlerjugend unseres tapferen Führers!' ‚Was willst du einmal werden?' ‚Vollwaise!'" (Ouaknin/Rotnemer 1998, S. 295). Den Zwiespalt zwischen Anpassung und Widerstand kann man wohl kaum pointierter zum Ausdruck bringen.

Konsens und Individualismus – Ein weiterer jüdischer Wert ist die Herstellung von Konsens bei Gruppenentscheidungen. „When Jewish organizations gather, they must act by consensus." (Silbiger 2009, S. 129). Das hängt stark mit dem Hang zum Individualismus zusammen, denn es gibt in jüdischen Gemeinden keine privilegierten Anführer. Es gibt keinen Papst, der für die ganze Glaubensgemeinschaft sprechen dürfte. „The Jewish-American community is the product of strong individuals loosely bound together." (a.a.O., S. 129). Ein Konsens wird üblicherweise durch einen mehr oder weniger umfangreichen Verhandlungsprozess herbeigeführt, bei dem Persönlichkeiten mit vermittelnden Fähigkeiten benötigt werden und weniger solche mit initiativen Begabungen (vgl. a.a.O. S. 129). – Es liegt auf der Hand, dass die straffe, auf den „Führer" ausgerichtete, unreflektierten Gehorsam einfordernde Organisation des Dritten Reiches ein eklatantes Gegenmodell zu den jüdischen Werten darstellte.

Eine Gesellschaft – und in Bezug auf den Betrachtungsgegenstand dieser Arbeit: ein Unternehmen und ihre Leiter – muss sich immer entscheiden, welche Unternehmenskultur sie leben möchte. Selbstverständlich darf hier nicht der Schluss gezogen werden, dass alle streng hierarchisch geführten Unternehmen nationalsozialistische Organisationsstrukturen aufweisen. Wie menschenfreundliches Führungsverhalten aussehen könnte, kann man gut bei Arnold 2008a „Führen mit Gefühl. Ein Selbstcoaching für Führungskräfte" sowie bei Arnold 2012b „Spirituelle Führung. Anleitung zum Selbstcoaching. Mit einem Methoden-ABC" nachlesen. – Mobbing-Betroffene sollten die Firmenkultur, in der sie arbeiten, klar beleuchten. Wenn eine Firmenkultur nicht zu den persönlichen Präferenzen und Überzeugungen passt, sind Differenzen im Umgang fast unausweichlich. Der Einzelne braucht sich für Spannungen nicht ausschließlich selbst verantwortlich fühlen. Es ist wichtig, das Gesamtsystem zu analysieren und danach zu eruieren, welche Handlungsmöglichkeiten ins Blickfeld rücken.

c) **Bildung** – Die Definition von Arnold: „Bildung bezeichnet auch und vielleicht in erster Linie einen Bewusstseinszustand." (Arnold 2012a, S. 129) bringt m.E. am besten zum Ausdruck, worum es hierbei geht.

„Gaining knowledge for knowledge's sake is a core Jewish value." (Silbiger 2009, S. 23), Bildung um ihrer selbst willen ist auch im Chassidismus ein viel gerühmtes Ideal. Der Mann kann sich glücklich schätzen, der in der Lage ist, nicht für seinen Lebensunterhalt arbeiten zu müssen, sondern der sein ganzes Leben dem Studium der Thora, also der Bildung, widmen zu können. In diesem Zusammenhang kommt auch den Frauen ein hoher Stellenwert zu, denn sie sind oft für das finanzielle Überleben der Familie zuständig. (vgl. Müller-Commichau 2009, S. 4). Dies hat seine Parallele in einer Passage aus den „Sprüchen Salomos" (Kapitel 31, Verse 10-31), die in der Luther-Übersetzung von 1857 noch mit den Worten überschrieben war: „Lob eines tugendsamen Weibes" (Luther 1857, AT, Spr. 31,10-31) und in der Bibel-Übersetzung durch Hans Bruns von 1973 „Lob der tüchtigen Ehe- und Hausfrau" (Bruns 1973, AT, Spr. 31,10-31) lautete. Dort wird die Frau beschrieben als diejenige, die für den Lebensunterhalt ihrer Familie sorgt, während ihr Mann sich um politische Angelegenheiten kümmert. Diese traditionelle Rollenverteilung wird auch von Rachel Monika Herweg bestätigt: „Das jüdische Lebensideal aus Frömmigkeit, Gelehrsamkeit und Gesetzestreue und die aus dem mehr oder weniger unsicheren Zusammenleben mit der christlichen Umwelt resultierenden Zwänge und Erfordernisse begünstigten und vertieften die arbeitsteilige Rollenaufteilung, die sich bereits in der ausgehenden Antike unter dem Einfluß des pharisäischen und später des rabbinischen Judentums entwickelt hatte. Der weltfremde jüdische Mann, der sein Leben dem Thorastudium widmet, und die tüchtige jüdische Haus- und Geschäftsfrau waren hierbei zwei Leitbilder, die einander bedingten. – Die der Ehefrau und Mutter obliegende Bewahrung des jüdischen Hauses umfaßte nicht nur die Aspekte der Haushaltsführung und der Kindererziehung, sondern auch die Sicherstellung des Lebensunterhalts." (Herweg 1995, S. 105).

Ein zentraler Aspekt von Bildung war die Tatsache, dass Bildung transportabel ist, d.h. man konnte sie auf der Flucht problemlos mitnehmen, auch wenn man alle sonstigen Besitztümer zurücklassen musste. „Jews have been forced from their homes not just during the big expulsion from Israel by the Romans in 100 A.D., or during the flight from Nazi Germany in the late 1930s and 1940s, but also repeatedly throughout history. It has long been imperative that Jews have portable wealth and skills to survive." (Silbiger 2007, S. 23).

Silbiger kolportiert einen jüdischen Witz, der gut zum Ausdruck bringt, welche Handlungs-Flexibilität eine fundierte Ausbildung mit sich bringen kann: „A new flood is foretold. In five days the rain will be incessant, and the world will be wiped out. The Dalai Lama addresses the world's Buddhists and says, ‚Meditate and prepare for your next reincarnation.' The Pope holds an audience and tells Catholics, ‚Confess your sins and pray.' The Chief Rabbi of Israel goes on TV and says, ‚We have five days to learn to live underwater!'" (Silbiger 2007, S. 25). – Ein solch flexibler Umgang mit Veränderungen ist vor allem solchen Menschen möglich, die über eine breit gefächerte Bildung verfügen. Wer sich das nötige „Handwerkszeug" erst im Bedarfsfalle aneignen will, hat von Vornherein einen zeitlichen Nachteil.

Bildung ist im Judentum kein optionaler Aspekt, denn die Frage der Traditionsweitergabe ist eng damit verknüpft. Wobei mit Tradition nicht die unveränderte Erhaltung des Status quo gemeint ist, sondern die sinnvolle Übertragung des von den Altvorderen Gemeinten, also des Sinns, in die neue Zeit. Nicht die alten Zustände sollen beibehalten werden, sondern der „Sinnverweisungsüberschuss" (vgl. Luhmann 1991, S. 93: „Das Phänomen Sinn erscheint in der Form eines Überschusses von Verweisungen auf weitere Möglichkeiten des Erlebens und Handelns.") soll von Generation zu Generation weitergegeben und damit bewahrt werden. „Damit trägt Tradition immer auch schon die Sehnsucht nach der Destruktion des Gegenwärtigen mit sich – und zwar ausgerechnet in der Aufforderung, den Narrativ und die Maximen der Altvorderen als Grundlage dieser Destruktion zu bewahren." (Bodenheimer 2012, S. 33). Unter „Narrativ" ist die Gesamtheit des Wortlauts der religiösen Überlieferungen zu verstehen, also der mündlichen und schriftlichen Traditionen, wobei Bodenheimer Tradition „primär unter dem Aspekt der *Transmission*, der Verpflichtung zum Akt des Weitergebens" (a.a.O., S. 9, Hervorhebung im Original) betrachtet. „Die weitertragende Generation ist also gerade dann besonders ‚konservativ', wenn sie sich der Pflicht gewahr bleibt, mit Berufung auf die Praxis der Altvorderen den faktischen Bruch mit deren Praxis zu vollziehen." (a.a.O., S. 33). Bildung ist daher ein konstitutives Element des Judentums.

Identität als „roter Faden"

Identität ist kein unveränderliches Fixum, sondern „ein kommunikatives Konstrukt" (Eberstadt/Kuznetsov 2008, S. 21). „Immer geht es im Zuge der Identitätsbildung um Selbstauffassungen aus der Perspektive der Gegenwart, um Selbstauffassungen, die vergangene Erfahrungen bündeln, Erwartungen begründen und das jeweils aktuelle Handeln orientieren. Damit verknüpft und integriert Identität Differenzen auf sozialer, psychischer und zeitlicher Ebene zu einer Einheit." (a.a.O., S. 22). Die persönliche Auffassung in Bezug auf die eigene Identität ist demgemäß keine vorgegebene Größe, die wir „herausfinden" müssen, sondern sie ist das Ergebnis vielfältiger Erfahrungen, Bewertungen und Überlegungen, die der Einzelne anstellt, um den „roten Faden", der sich durch sein Leben zieht, zu konstruieren. Im Zusammenhang mit

Mobbing-Erfahrungen ist es wichtig, diesen „roten Faden" ganz bewusst positiv für sich selbst zu formulieren und nicht unreflektiert das, was Dritte vermeintlich über einen denken, zum Maßstab zu nehmen. Dieser „rote Faden" der eigenen Identität mag zwar letzten Endes „nicht mehr als eine fragile temporäre Errungenschaft" (Eberstadt/Kuznetsov 2008, S. 17) sein, doch diese Veränderbarkeit ist letztlich der Garant dafür, dass man Identität lernen – und umlernen – kann. Bisherige negative „Be-WERT-ungen", also Wert-Zuschreibungen, können bewusst umformuliert werden. Der Mobbing-Betroffene kann gezielt an seiner Persönlichkeitsentwicklung arbeiten und sich bewusst machen, dass er nur seinen eigenen Wertvorstellungen gerecht werden muss, nicht aber den Wert-Vorgaben Dritter. Das steht übrigens nicht im Widerspruch zu den obigen Ausführungen über das Eingebettetsein der „persönlichen Identität" in die „soziale Identität", denn die eigenen Wertvorstellungen, mit denen jemand in einem sozialen Umfeld Schwierigkeiten bekommt, können in einem anderen sozialen Umfeld durchaus geschätzt werden.

Bevor jemand sein momentanes Umfeld gegen ein anderes tauscht, könnte er auch den Versuch machen, „das Soziale zu verändern", indem er sich selbst verändert und „aus der festlegenden Wirkung" seiner „kognitiven und emotionalen Downloads" aussteigt. (vgl. Arnold 2012a, S. 98).

Die Übungen im „Selbsthilfe-Instrumentarium" sollen dabei unterstützen, sich der eigenen begrenzenden Denkmuster und des eigenen „roten Fadens" im Leben bewusster zu werden.

Erhaltung und/oder Generierung eigener Handlungsfähigkeit

Handlungsfähigkeit durch Sinngebung

Die Frage nach der Identität, also die Fragen „Wer bin ich?", „Wie bin ich?", „Wie kommt es, dass ich mich so und nicht anders erlebe?", „Kann ich meiner eigenen Wahrnehmung trauen oder spricht etwas dafür, die Wahrnehmung anderer teilweise zu übernehmen?", „Woher komme ich?", „Wohin zähle ich mich zugehörig?" usw. sind m.E. eng verknüpft mit der Frage nach dem Sinn des Lebens.

Horst Siebert sieht ebenfalls einen klaren Zusammenhang zwischen dem Thema der Kompetenzentwicklung und der Sinnfrage: „Sinn – von Schmid definiert als die Erschließung von Zusammenhängen – ist also eine lebenswichtige Lernleistung, Sinn ist eine Wirklichkeitskonstruktion, die aber Wissen, Reflexion, auch Diskussion erfordert. Mir erscheint es pädagogisch notwendig, den Kompetenzbegriff, der doch immer noch vorwiegend in beruflichen Kontexten verwendet wird, durch die Frage nach dem Lebenssinn zu ergänzen." (Arnold/Siebert 2006, S. 33).

Viktor E. Frankl, der Begründer der Logotherapie, kommt zu dem Schluss „daß es eigentlich nie und nimmer darauf ankommt, was wir vom Leben noch zu erwarten haben, vielmehr lediglich darauf: was das Leben von uns erwartet!" (Frankl 2006, S. 124f). Dieser Ansatz kann auch in Mobbing-Situationen befreiend wirken. Wenn ein Mobbing-Betroffener aus einer enttäuschten Erwartungshaltung – z.B. „Meine Kollegen sollten mir gegenüber gerechter sein." – in ein Bewusstsein hinein findet, dass er nicht zufällig in der Situation ist, in der er sich heute befindet, sondern dass er dazu aufgerufen ist, seine Berufung zu finden, kann eine völlig neue Dynamik in sein Leben kommen. Die Beantwortung dieser Sinnfrage kann freilich eine lebenslange Aufgabe sein. Aber immer heißt Leben „letztlich eben nichts anderes als: Verantwortung tragen für die rechte Beantwortung der Lebensfragen, für die Erfüllung der Aufgaben, die jedem einzelnen das Leben stellt, für die Erfüllung der Forderung der Stunde." (Frankl 2006, S. 125). Die Antwort kann im Laufe des Lebens variieren: „Diese Forderung, und mit ihr der Sinn des Daseins, wechselt von Mensch zu Mensch und von Augenblick zu Augenblick." (a.a.O., S. 125). Daher kann die Sinnfrage nicht für alle Menschen allgemeingültig beantwortet werden (vgl. a.a.O., S. 125), sondern jeder muss sich persönlich seinen spezifischen Herausforderungen stellen.

Sinnzuschreibung darf nun allerdings nicht so verstanden werden, dass ich mir meinen Sinn wahllos aussuchen und ihn für mich alleine in völliger Beliebigkeit definieren kann. Stets muss die Sinnzuschreibung mit meinen sozialen Kontakten, also im konstruktivistischen Sinne mit meiner „Umwelt", in Relation stehen. Luhmann schreibt zur Sinnfrage: „Für diesen Prozeß der laufenden Selbstbestimmung von Sinn formiert sich die Differenz von Sinn und Welt als Differenz von Ordnung und Störung, von Information und Rauschen. Beides ist, beides bleibt erforderlich. Die Einheit der Differenz ist und bleibt Grundlage der Operation. Das kann nicht genug betont werden. Eine Präferenz von Sinn gegen Welt, für Ordnung gegen Störung, für Information gegen Rauschen ist nur eine Präferenz. Sie macht das Gegenteil nicht entbehrlich. Insofern lebt der Sinnprozeß von Störungen, nährt sich von Unordnung, läßt sich durch Rauschen tragen und erfordert für alle technisch präzisierten, schematisierten Operationen ein „ausgeschlossenes Drittes." (Luhmann 1991, S. 122f). – Wir leben also nicht solipsistisch in einer beliebigen Welt, die von uns – unabhängig von den Anderen – definiert werden kann, sondern wir sind auf den Austausch, die Kommunikation und das Zurechtkommen mit den Anderen angewiesen. Einerseits weil „Sinn" nicht ohne den dazugehörigen „Welt"-Zusammenhang erfahren werden kann, andererseits, weil „Ordnung" nur in der Differenz zu „Störungen" als solche erkannt wird. Die Gegensätze sind somit zwingend vorauszusetzen, wenn wir unsere Antwort auf die Sinnfrage formulieren wollen. Deshalb kann die Sinnfrage auch nie abschließend beantwortet werden, sondern muss ständig im Fluss bleiben und an unser tägliches „Er-Leben" angepasst werden. „Unsere Identität besteht aus unserer Lebensgeschichte, mehr noch: wir erfinden unsere Geschichte ständig neu. Unsere Vergangenheit ist nichts Abgeschlossenes, sondern wir konstruieren permanent unser Leben." (Arnold/Siebert 2006, S. 57).

Die Sinnbestimmungen „ergeben sich vielmehr daraus, daß die sinnbezogenen Operationen selbstreferentieller Systeme durch Auslöseprobleme (primäre Disjunktion, Irreversibilität, Dissens) gereizt und die Doppelhorizonte der Sinndimension dadurch unter Optionsdruck gesetzt werden." (Luhmann 1991, S. 123). – Wenn wir also unsere Berufung im Rahmen unserer Identität finden wollen, sollte sie so formuliert sein, dass sie eine Antwort („Ordnung") auf eine der drängenden Fragen unserer Zeit („Störung") gibt. Ein solcher Kommunikationszusammenhang („Relation") dürfte den größtmöglichen Erfolg (sprich: die höchste „Anschlussfähigkeit", vgl. Luhmann 1991, S. 123) haben. Oder, um es noch einmal mit Viktor E. Frankl zu sagen: es kommt nicht darauf an, was wir vom Leben erwarten, sondern was das Leben von uns erwartet! (vgl. Frankl 2006, S. 125). Auch Siebert betont die Sinnhaftigkeit, wenn er formuliert: „Wirklichkeitskonstruktionen sind also nicht ‚beliebig', wie von unseren Kritikern oft behauptet wird, sondern sie können – und sollten – auf ihren ‚Sinn' hin befragt werden." (Arnold/Siebert 2006, S. 56).

Handlungsfähigkeit durch Änderung bisheriger Denkmuster

Die eigene Handlungsfähigkeit kann, besonders in Mobbing-Situationen, durch emotionale Blockaden aufgrund negativer Denkmuster eingeschränkt sein. „Oft sind es die inneren Bilder und Konstrukte, die uns in unwirksamem Tun festhalten und Veränderung verhindern." (Arnold 2008b, S. 3).

Soll die Handlungsfähigkeit wieder hergestellt werden, kann es ein erster Ansatz sein, solche negativen Denkmuster aufzuspüren und umzuwerten. „Um diese Blockierungen aufzulösen, helfen keine realistischen Normalverteilungsbilder, sondern nur ein gewandelter Blick, welcher der Perspektivität der Wirklichkeit Rechnung trägt. Nur eine gewandelte Konstruktion der Wirklichkeit kann auch zu deren Veränderung anleiten, denn nur das kann im Außen hergestellt werden, was auch im Inneren sein darf, wie die Systemiker wissen." (Arnold 2008b, S. 3).

An dieser Stelle ist ein erkenntnistheoretischer Exkurs erforderlich. Um Denkmustern nicht zu unterstellen, sie würden einen relevanten Teil unserer Wirklichkeit „abbilden", also dass die Anderen genau so „sind", wie wir sie uns ausmalen, muss zuerst die Frage geklärt werden, was „Wirklichkeit" überhaupt ist und ob wir behaupten können, sie „richtig" wahrzunehmen. Horst Siebert beantwortet die Frage „Was ist Wirklichkeit?" wie folgt: „*Wirklichkeit ist Relation.* Der Konstruktivismus ist weder eine Ontologie (über das Wesen der Dinge) noch eine Psychologie (über das Ich), sondern eine „Beziehungstheorie": Sie fragt nach dem Verhältnis von Subjekt und Objekt, von Erkennendem und Erkenntnisgegenstand, von Innen und Außen, von Individuum und Gesellschaft, von Nervenzellen und Bewusstseinsinhalten. Als Theorie des Relationalen und des Relativen ist der Konstruktivismus zugleich eine Systemtheorie." (Arnold/Siebert 2006, S.34).

Aus der Relationalität der Wirklichkeit ergibt sich, dass sie nichts Statisches ist, das wir bloß „richtig" zu „erkennen" brauchen. Maturana und Varela stellen fest, „daß man das Phänomen des Erkennens nicht so auffassen kann, als gäbe es 'Tatsachen' und Objekte da *draußen*, die man nur aufzugreifen und in den Kopf hineinzutun habe. (...) Die Erfahrung von jedem Ding ‚da draußen' wird auf eine spezifische Weise durch die menschliche Struktur konfiguriert, welche ‚das Ding', das in der Beschreibung entsteht, erst möglich macht." (Maturana/Varela 1987, S. 31). Die beiden Autoren leiten aus ihren Forschungen die zirkuläre Kernthese ab: „Jedes Tun ist Erkennen, und jedes Erkennen ist Tun." (a.a.O., S. 31).

Die Hirnforschung weist darauf hin, dass menschliche Emotionen nicht ausschließlich durch äußere Wahrnehmung entstehen, sondern dass der Anteil dessen, was bereits vorhanden war, also unsere Vorerfahrungen, den größten Anteil an einer emotionalen Reaktion haben. „Die *Neurochemie des emotionalen Geschehens* ist mit der subjektiven Erfahrung viel enger korrelierbar als die der Perzeption mit dem Wahrnehmungserlebnis." (Oeser/Seitelberger 1988, S. 100).

Der Konstruktivismus postuliert, dass wir unsere Wirklichkeit konstruieren. Diese Konstruktionen basieren auf Beobachtungen (vgl. Arnold/Siebert 2006, S. 53). „Durch sinnvolle Komplexitätsreduktion wird ‚Ordnung im Kopf' hergestellt, die eine Orientierung in einer unübersichtlichen Welt ermöglicht." (a.a.O., S. 53). Diese „handlungsleitenden Programme autopoietischer Systeme" (a.a.O., S. 53) entsprechen wiederum den Denkmustern, um die es in diesem Abschnitt geht.

Denkmuster entspringen nicht, wie der Name nahelegt, ausschließlich unserem Denken, sondern ebenso unseren Emotionen. „Grundlegend ist ... die Frage nach dem Zusammenwirken von Gedanken und Emotionen beim Zustandekommen a) unserer Interpretation bestimmter Lagen sowie b) der Reaktionen, zu denen wir uns innerlich gedrängt fühlen." (Arnold 2012a, S. 29). „Die Gedanken, die wir uns machen, sind ... sowohl Ausdruck als auch Auslöser von Gefühlen." (a.a.O., S. 29). Arnold gebraucht das Bild mehrerer Brillengläser, die wir übereinander legen können oder durch die wir abwechselnd blicken können und nennt diesen Vorgang „brillieren" (a.a.O., S. 29).

Sich dieser Denkmuster, oder „Brillen", bewusst zu werden, ist keine leichte Aufgabe, denn Menschen sehen die Welt einerseits nur so, wie sie sie sehen („Viabilität erster Ordnung") und andererseits nur so, wie sie sie auszuhalten vermögen („Viabilität zweiter Ordnung"). (vgl. Arnold 2010a, S. 28). Das heißt nun aber nicht, dass eine Veränderung unmöglich wäre. „Indem man sich von der Entschiedenheit des eigenen Blicks zu lösen vermag – freiwillig oder gezwungen –, wird eine andere Identitätsdimension in einem selbst wirksam, welche das Selbstbewusstsein nicht mehr aus dem ‚Ich-bin-was-ich-sehe', sondern aus einem ‚Ich-weiß-wie-meine-Wahrnehmung-funktioniert' abzuleiten vermag. Eine solche *reflexive Identität* umfasst mehr als eine bloß kognitive Selbstreflexion. Grundlegend ist vielmehr die prinzipielle Verbindung von Kognition und Emotion in der (Selbst-)Wahrnehmung (...)." (Arnold 2010a, S. 85f).

„Emotionale Veränderung beginnt im Kopf, nicht im Herzen. Gedankenarbeit ist eine wesentliche Ausdrucksform emotionaler Kompetenz." (Arnold 2012a, S.35). Diese Herausforderung erfolgreich zu meistern, dürfte der Schlüssel der Persönlichkeitsentwicklung in Mobbing-Situationen sein. Der erste Schritt ist laut Arnold der „Ausstieg aus dem Gedankensurfen" (Arnold 2012a, S. 36) und der zweite Schritt besteht darin, eine „distanzierte Haltung gegenüber dem eigenen emotionalen Selbst" zu entwickeln (Arnold 2012a, S. 41). Dieser zweite Schritt entspricht der „Meta-Ebene" der Selbst-Reflexion oder, konstruktivistisch gesprochen, der Rolle des Beobachters. Es gilt, unsere emotionalen Bewertungen „vollständig in die eigene Verantwortung zu übernehmen. Dies ist sehr schwierig und erfordert eine Leistung, die der Münchhausens gleicht, sich selbst am Schopf aus dem Sumpf zu ziehen – sind wir es doch, die die Wirkungsmechanismen des Emotionalen an uns selbst beobachten und zu verändern suchen." (Arnold 2012a, S. 42). Die Verantwortung für das eigene Denken und das eigene Fühlen zu übernehmen, ist es letztlich auch, was uns erwachsen im eigentlichen Sinne des Wortes werden lässt. (vgl. Arnold 2012a, S. 46). Wir steigen aus der Opfer-Rolle aus und stehen für das ein, was wir sind und wie wir fühlen. Ohne Schuldzuweisungen an Andere, ohne schlechtes Gewissen, ohne Rechtfertigungszwänge. „Emotionale Reifung bedeutet, uns als ‚schwierig' für uns selbst und andere zu akzeptieren." (Arnold 2012a, S. 87). Wenn uns das gelingt, sind wir wahrlich „Herr oder Frau im eigenen Haus". (Arnold 2012a, S. 99).

Kapitel 3

Selbsthilfe-Instrumentarium

In diesem Teil finden Sie praktische Übungen, die Ihnen helfen sollen, sich selbst und Ihre Kompetenzen besser kennen zu lernen, Ihr Selbstbewusstsein zu stärken und Ihr Leben selbstbestimmt in die Hand zu nehmen.

Nehmen Sie sich genügend Zeit, um die Übungen ausführlich zu bearbeiten. Falls Sie sich im Anschluss daran für ein Coaching und/oder eine juristische Auseinandersetzung entscheiden sollten, kann dies als Grundlage für einen schnelleren Einstieg in das Thema dienen.

Übung 1: „Liebes Tagebuch"

TIPPS:

1. Denken Sie an einen guten Freund oder stellen Sie sich einen imaginären guten Freund vor.
2. Schreiben Sie einfach drauf los, wie es Ihnen in den Sinn kommt.
3. Lassen Sie Ihren Gefühlen freien Lauf.
4. Schicken Sie den Brief nicht ab, sondern sammeln Sie alle Übungsergebnisse in einer Mappe.

Brief an einen (imaginären) guten Freund

Schreiben Sie zu Beginn einen Brief an einen guten Freund oder an Ihr Tagebuch, in dem Sie sich alles „von der Seele" schreiben, was Sie momentan belastet. Hier geht es nicht um Objektivität, sondern um Ihre subjektive Sicht der Dinge und um Ihre Emotionen. Dieser Brief muss keineswegs abgeschickt werden, sondern er dient dazu, ihre Gedanken zu ordnen und Ihnen das Gefühl zu nehmen, „etwas Wichtiges zu vergessen". Sobald alles schwarz auf weiß niedergeschrieben ist, können Sie konstruktivere Gedanken leichter zulassen.

Übung 2: Bestandsaufnahme

TIPPS:

1. **Berufliche Situation: Beschreiben Sie einem Dritten, der Ihre Firma nicht kennt, Ihren Arbeitsplatz.**
2. **Beschreiben Sie Ihren Aufgabenbereich so, als ob Sie einen Praktikanten einweisen wollten, der sich noch nicht auskennt.**
3. **Strukturieren Sie klar, notfalls gerne in Stichworten. Hier kommt es vor allem auf den Überblick an.**

Wie sieht meine momentane Situation am Arbeitsplatz konkret aus?

Beschreiben Sie bitte:

Wie sieht die Organisationsstruktur des Unternehmens aus?

In welcher Position sind Sie momentan in der Firma beschäftigt?

Welche Aufgaben haben Sie dort formal (Stellenbeschreibung, ggf. laut Personalakte)? Welche formal nicht, die Sie aber dennoch von Zeit zu Zeit ausführen?

Wie ist die Zusammenarbeit mit den Kollegen?

Mit dem Chef? Wie ist sein Führungsverhalten?

Gibt es einen Betriebsrat? Welche Rolle spielt er im Unternehmen?

(Falls Sie länger als 6 Wochen im Jahr krank gemeldet waren:

Gibt es ein „Betriebliches Eingliederungsmanagement"?)

Gibt es Gewerkschaften im Unternehmen?

Wie ist die Unternehmenskultur?

Wie stark identifizieren Sie sich mit dem Unternehmen (auf einer Skala von 1 bis 10, wobei 1 „gar nicht" und 10 „sehr stark" bedeutet)?

Übung 3: Mobbing-Tagebuch

TIPPS:

1. Objektiv UND subjektiv!
2. Nachvollziehbar!
3. Kein Sarkasmus!
4. Chronologisch!

Führe ich ein „Mobbing-Tagebuch"?

Ein Mobbing-Tagebuch dient dazu, den chronologischen Ablauf des Mobbing-Geschehens für Dritte nachvollziehbar in Stichworten zu notieren. Da es unter Umständen auch juristisch verwertbar ist, sollte es möglichst beschreibend, also nicht vornehmlich wertend, abgefasst sein. Es kann tabellarisch aufgebaut sein. Hier ein Beispiel (in Anlehnung an: Stock 2011, S. 70):

Datum, Uhrzeit, Ort	Ereignisbeschreibung (Beteiligte, Handlungen)	Auswirkungen (Emotionen, körperliche, gesundheitliche Reaktionen)	Zeuge(n)

In das „Mobbing-Tagebuch" sollten auch alle „Schlüsselerlebnisse" aufgenommen werden, die Hinweise auf mögliche Motive der Täter geben könnten. Auch das eigene emotionale Erleben darf kurz mit erfasst werden, sollte aber nicht die einzige Information darstellen.

Empfehlung: Schreiben Sie möglichst auch dazu, was Sie an dem beschriebenen Verhalten vor allem getroffen oder geärgert oder mitgenommen hat. Oft ist es ja nicht der beobachtbare Vorgang als solcher, der die emotionale Spitze in sich trägt, sondern die Spitze schmerzt deshalb so, weil sie einen wunden Punkt berührt oder an ein zurückliegendes oder ein in der Zukunft befürchtetes Ereignis erinnert. Je deutlicher und unmissverständlicher Sie also alles festhalten, um so eher haben Unbeteiligte eine Chance, den Sachverhalt und die Zusammenhänge nachzuvollziehen.

Wichtig: Verzichten Sie unbedingt auf Sarkasmus oder rhetorischen Stil! Beispiel: „So etwas tut MIR ja nicht weh!", wenn Sie ausdrücken wollen, dass die „Gemeinheit" des Anderen sie voll getroffen hat. Wenn solche Texte nur in Stichpunkten notiert werden, weiß am Ende keiner mehr, wo eigentlich das Problem lag. Das habe ich in meiner praktischen Erfahrung des Öfteren beobachtet. Daher meine klare Warnung an dieser Stelle.

Übung 4: Von „außen" betrachtet

TIPPS:

1. Objektiv.
2. Nicht wertend.
3. Wer macht wann was?
4. Keine Begründungen.

Was genau könnte ein Beobachter beschreiben, der mich an meinem Arbeitsplatz während einer Mobbing-Situation beobachten würde?

Hier geht es vor allem um eine möglichst sachliche Beschreibung. Versuchen Sie, sich einen Beobachter oder eine Webcam vorzustellen, der Sie in einer typischen Mobbing-Situation beobachtet und hinterher das Gesehene wie in einer Art objektivem Polizeibericht schildert und niederschreibt. Hier geht es nur um das rein physisch beobachtbare Geschehen, also nicht um Gefühle oder Ängste und Hoffnungen.

Übung 5: Zeugen

TIPPS:

1. Gibt es Zeugen?
2. Sind die Zeugen bereit, auszusagen?
3. Sind die Zeugen bereit, sich schriftlich zu äußern?

Gibt es Zeugen für meine Erlebnisse? Wer ist Zeuge?

Schreiben Sie alle Zeugen auf, die Situationen beobachtet haben, in denen Sie in Schwierigkeiten waren.

Fragen Sie die betreffenden Personen, wie sie die damalige Situation wahrgenommen haben und ob sie das Beobachtete ggf. vor Dritten (z.B. Betriebsrat, Vorgesetzte, Richter) bezeugen würden.

Die Wahrnehmung von Beobachtern deckt sich in der Regel nicht 1:1 mit der eigenen Sicht der Dinge. Daher kann Ihnen die Frage, wie Zeugen die Situation wahrnahmen, neue Perspektiven eröffnen.

In komplexen Situationen – vor allem, wenn Sie überlegen, ob Sie juristisch gegen den Mobbenden vorgehen – kann es hilfreich sein, wenn sich Ihr Zeuge bereit erklärt, den Sachverhalt schriftlich niederzulegen. Das hilft einerseits gegen das vorzeitige Vergessen, was nicht unterschätzt werden darf, und andererseits haben Sie etwas in der Hand, das sich notfalls Dritten gegenüber (Betriebsrat, Gewerkschaft, Vorgesetzte, Firmenleitung, Richter, Arzt, ...) verwerten lässt.

Übung 6: Das Wunder geschieht

TIPPS:

1. Emotional!
2. Phantasievoll!
3. Lebendig!
4. Mit allen Sinnen!

Wenn plötzlich ein Wunder geschehen würde und Ihre Mobbing-Situation wäre gelöst, woran würden Sie merken, dass das Mobbing vorbei ist?

Wie würden Sie sich fühlen?

Was wäre plötzlich anders, wenn Sie morgens aufwachen?

Was würden die Menschen um Sie herum zu Ihnen sagen?

Was würden Sie antworten?

Wie würde Ihre Umgebung aussehen (Lichtverhältnisse, Wetter, Temperatur)?

Würden Sie anders aussehen, wie?

Was wäre noch anders? –

Nehmen Sie sich hierfür bitte ausreichend Zeit und versuchen Sie, sich das Ergebnis so lebhaft wie möglich vorzustellen.

Übung 7: Wechsel der Blickrichtung

TIPPS:

1. Üben Sie alleine oder
2. mit einem wohlwollenden Menschen als beobachtenden Begleiter.
3. Versetzen Sie sich mit allen Emotionen in die jeweilige Rolle hinein.
4. Spielen Sie unbedingt mehrere (mindestens zwei) Standpunkte/ Rollen durch.

Übung zum Wechsel der Blickrichtung

Stellen Sie zwei Stühle in einen Raum. Die Position der Stühle ist bereits Teil der Übung. Die Stühle können nebeneinander, gegenüber, mit der Lehne aneinander oder in einer anderen Konstellation in den Raum gestellt werden. Auf den einen Stuhl setzen Sie sich, auf dem anderen Stuhl „sitzt" – vielleicht vertreten von einer Puppe oder einem Gegenstand – ihr Haupt-Kontrahent in der Mobbing-Situation. Nun versuchen Sie einmal, ihre Gefühle in Worte zu fassen und sprechen sie „virtuell" zu ihrem Gegenüber. Versuchen Sie zu artikulieren, was Sie an seinem Verhalten stört, welche ihrer Wertvorstellungen das tangiert, warum Sie das so sehr belastet und was Sie sich anders wünschen würden.

Wechseln Sie nach einigen Minuten die Plätze, so dass Sie nun in die Rolle ihres Kontrahenten schlüpfen, und antworten Sie aus seiner Position heraus auf das, was Sie ihm soeben mitteilten. Spielen Sie mehrere Variationen durch, einmal wie Sie glauben, dass Ihr Kontrahent vermutlich reagieren würde, und einmal, dass er verständnisvoll und gütig reagieren würde.

Diese Übung eignet sich am besten für introvertierte Menschen, die ihre Gefühle nicht gern Dritten offenbaren. Wenn Sie einen guten Freund haben, kann es hilfreich sein, ihn, während Sie die Übung durchführen, als Beobachter am Rande zu platzieren. Er kann Ihnen wichtige Impulse spiegeln, die sie in einem oder mehreren weiteren Durchläufen mit einbeziehen können.

Selbstverständlich lässt sich diese Übung variieren und/oder im Rahmen eines Coaching-Prozesses beratend oder therapeutisch einsetzen.

Übung 8: Negative Denkmuster auflösen

TIPPS:

1. **Bewusst einmal etwas anderes denken.**
2. **Sich neuen Gedanken öffnen.**
3. **Alte Muster durchbrechen.**
4. **Sich von alten Fesseln befreien.**

Übung zur Auflösung negativer Denkmuster

Alle Menschen verfügen über ein – im Laufe des Lebens erworbenes, mehr oder weniger großes – Repertoire an Erfahrungen und Denkmustern, deren wir uns „automatisch" und oft unbewusst bedienen, um in neuen Situationen schnell reagieren zu können. Wenn Sie positive Denkmuster über sich selbst verinnerlicht haben, kommen Sie u.U. leichter durch das Leben, als wenn Sie negative Denkmuster pflegen.

Hier eine Übung, wie Sie Ihre eigenen Denkmuster hinterfragen können (vgl. Haben/Harms-Böttcher 2001, S. 77):

Bisheriges Denkmuster	Frage zur Auflösung desselben
Ich bin schwach.	Tatsächlich? Immer? Überall und zu jeder Zeit?
Irgendwie bin ich bestimmt selbst schuld.	Wer sagt das, und auf was bezieht sich das?
Das konnte ja nicht gut gehen.	Was hätte passieren können, damit es gut geht?
Das musste ja so kommen.	Warum musste das so kommen? Können Sie hellsehen?
Das wäre ja auch zu schön gewesen.	Was genau wäre zu schön gewesen?

Bisheriges Denkmuster	Frage zur Auflösung desselben
Wenn ich mich nur durchsetzen könnte!	Was wäre, wenn Sie es könnten? Was hindert Sie daran? Was müssten Sie tun, damit Sie es könnten?
Da kann man eben nichts machen.	Man? Gar nichts?
Alle sind gegen mich.	Wirklich alle? Woher wissen Sie das so genau? Haben es alle Ihnen gesagt?

Der Sinn dieser Übung besteht im Wesentlichen darin, von der passiven Opferrolle zu einer aktiven Handlungsweise zu gelangen. Sie sitzen dann selbst am Steuerrad Ihres Lebens und lassen sich nicht ziellos von den Geschehnissen umher treiben.

Negative Spontandeutungen resultieren oft aus eingespurten Verhaltensweisen aus der Kindheit. (vgl. Arnold 2012a, S. 15). Diese aufzulösen bzw. umzudeuten, kann helfen, aus der Vorwurfsfalle („Motto: ‚Warum tut man mir das an?'", Arnold 2012b, S. 121) zu entkommen.

Im Folgenden finden Sie einige Übungen zum Anfreunden mit den eigenen blinden Flecken (vgl. Arnold 2012b, S. 121f).

Anlass: Ablehnung

Spontandeutungen (Beispiele)	Formen des Anfreundens
Das Gegenüber will mit mir nichts zu tun haben und mich ausschließen aus einer gemeinsamen Aktivität (Verlassenheitsbrille)	Schon wieder...! Nein, das Gegenüber kann zahlreiche andere Gründe haben, mich hier nicht dabei haben zu wollen. Schließlich will ich ja auch nicht alles mit ihm gemeinsam machen!
Das Gegenüber findet mich langweilig, uninteressant, unsympathisch etc. (Abwertungsbrille)	Das Gegenüber hat sich eigentlich nur zu einem Argument von mir, nicht zu meiner Person geäußert. Das sind zwei ganz unterschiedliche Dinge, die ich gerne vermische!
Die Anderen sehen und respektieren mich nicht in meiner – wichtigen – Funktion: sie halten dies – und damit mich – für unwichtig (Unwirksamkeitsbrille)	Immer wieder passiert mir das: Ich nehme Ablehnung – zu – persönlich, wo es doch lediglich darum geht, klar meine Erwartungen in der Sache darzustellen und auch ggf. durchzuhalten!

Anlass: Konflikt

Spontandeutungen (Beispiele)	Formen des Anfreundens
Die glauben wohl, sich mir gegenüber alles heraus nehmen zu können (Die provozieren mich)	Hier muss ich aufpassen, denn zur Kreativität und Beteiligung gehört auch, dass man nicht alles auf die Goldwaage legt!
Wenn es darauf ankommt, hält wahrscheinlich wieder keiner zu mir – trotz meiner Bemühungen für die anderen (Die ungerechte Undankbarkeit)	Ein alter Bekannter: Ich bin hier offensichtlich selbst bedürftiger, als es für eine sachliche Kooperation gut ist. Dankbarkeit und Gerechtigkeit in Arbeitskontakten gibt es am Ende, wenn überhaupt!
Wenn ich hier nicht kläre und zeige, „wer Herr im Hause ist", dann machen die in Zukunft mit mir, was sie wollen (Opferrolle)	Beteiligung und Engagement „leben" davon, dass man in „meine Kreise" gerät. Hier muss ich ausweichen und darf keinen Übergriff persönlich nehmen; ich werde dann vom Opfer zum Arrangeur, indem ich nicht in uralte Fallen (eines Autoritarismus) tappe!

Anlass: Interesse

Spontandeutungen (Beispiele)	Formen des Anfreundens
Die Anderen finden mich gut und mögen mich deshalb auch (Die (Ein-)Bezogenheitsillusion)	Hier lasse ich mich von der gefährlichen Droge des Narzissmus betören. Das muss nicht sein und trübt meinen nüchternen Blick!
Man interessiert sich für mich (Angenommenheitssuche)	...auch hier: Es geht um das Interesse an der Sache und den Vorgaben. Man kann sich für die Sache interessieren und mich ablehnen – und umgekehrt!
Die erinnern sich ja noch an mich und drücken dies aus, d.h. ich bin ihnen wichtig! (Nähe-Verwechslung)	...auch hier: nichts persönlich nehmen – außer den eigenen Spontandeutungen und Verwechslungen!

Die zentrale Frage im Zusammenhang mit Denkmustern lautet: „Wie konstruiere ich mir meine Gewissheiten?" (Arnold 2012a, S. 98). Wenn Sie erkennen, woher Ihre Deutungsmuster stammen, wie sie entstanden, und welche ähnlichen Situationen sich darin widerspiegeln, erwerben Sie Techniken, die Ihnen helfen, sich von sich selbst zu distanzieren und anders zu agieren, als es der Spontanimpuls nahelegt. (vgl. Arnold 2012a, S. 99).

Um aus den Spontanimpulsen und dem „Gedankensurfen" auszusteigen, haben sich folgende Fragen in der Praxis bewährt (Arnold 2012a, S. 38f):

- „Welche spontanen Gedanken befallen mich?
- Welchen Beurteilungstendenzen folgen diese?
- Wann hatte ich ähnliche Gedanken zum letzten Mal?
- Was waren die Konsequenzen?
- Was nutzen mir diese Gedanken?

- Was bleibt mir, wenn ich diese Gedanken nicht denke?
- Kann ich die Situation ohne Wertungen beobachten?
- Kann ich ohne Prophecy-Tendenz beobachten?
- Kann ich bewusst etwas Positives denken?"

Negative Denkmuster können manchmal auch zu Ärger und Frustration führen. Dann dreht sich das Denken im Kreis und blockiert sich zunehmend selbst. Um aus diesem Teufelskreis auszusteigen, kann man versuchen, die Perspektive zu wechseln. Man kann sich beispielsweise Fragen wie diese stellen:

- „Was würde eine Kamera sehen? (...)
- Wie würde ich mich fühlen, wenn ich diese Sache aus einem zeitlichen Abstand von tausend Jahren sehen würde?
- Wie würde ich mich fühlen, wenn ich diese Sache vom Mond aus betrachten würde?
- Wie würde ich mich fühlen, wenn ich diese Sache wie in einem Fernsehspiel betrachten würde?
- Wie würde ich mich fühlen, wenn ich diese Sache im Angesicht des herannahenden Todes betrachten würde? (...) (Boerner 2009, S. 53)."

Der Ansatz, einen Sachverhalt aus der Perspektive des Todes zu betrachten, ist ein uralter Ansatz, der in vielen Religionen seinen Widerhall findet. Unsere moderne Zeit hat die Perspektive der „Abschiedlichkeit" (Arnold 2010b, S. 169) verdrängt, doch um die eigene „Mitte" zu finden, ist es m.E. einen Versuch wert, sich wieder ganz neu darauf einzulassen.

Und eine wichtige Frage zum Schluss:

- Was kann schlimmstenfalls passieren?

Wenn wir das „Worst-Case-Szenario" kennen, kann uns nichts mehr schockieren oder überraschen. Und wir können uns ggf. darauf vorbereiten, unsere Ressourcen mobilisieren, uns Unterstützung holen, uns emotional wappnen – und das Beste daran: wir bleiben aktiv und handlungsfähig. Das darf jedoch nicht mit der Tendenz des „Katastrophisierens" (Arnold 2012a, S. 30) verwechselt werden. „Durch Katastrophisierung bewegen unsere gedanklichen Prozesse uns allmählich in die bewährten Fühlmuster hinein, in denen wir uns seit langem auskennen." (a.a.O., S. 30). Die „Worst-Case-Szenario"-Frage darf nicht in einem emotionalen „Hineinsteigern" in unerträgliche Zukunftsperspektiven münden, sondern es ist der Versuch, möglichst sachlich darzulegen, welche Handlungsoptionen z.B. bei dem Verlust des Arbeitsplatzes bleiben würden. Je früher mögliche Alternativen in den Blick rücken, desto klarer kann man seine Prioritäten setzen und verschleißt seine Energie nicht an der falschen Stelle.

Schließlich zwingt uns keiner, Sachverhalte immerzu auf dieselbe Art und Weise zu betrachten. „Es gibt nicht eine absolute Wahrheit, die einen zwingt, die Dinge so und nicht anders zu sehen, so und nicht anders zu handeln." (von Foerster/Pörksen 1999, S. 38). Wenn wir uns darin üben, möglichst viele Alternativen zum Status quo sehen zu lernen, wenn wir unser kreatives Potenzial zur Entfaltung bringen, könnte es geschehen, dass wir zukünftig auch – im konstruktivistischen Sinne – mehr „Anschlusshandlungen" entdecken als bisher. „Handle stets so, dass die Anzahl der Möglichkeiten wächst." (a.a.O., S. 36).

Übung 9: Lebenslauf als Bild

TIPPS:

---

1. Höhen und Tiefen des Lebens bildlich (am besten auf einem DINA3-Bogen) darstellen.
2. Chronologischer Ablauf von links (Geburt) nach rechts (Jetztzeit).
3. Optional: Zukunftsprognosen (ggf. auf neuem Blatt) mit abbilden (Wie sieht meine Zukunft im besten Fall aus? Wie im schlimmsten Fall?)

„Lebenslauf als Landschaftsgemälde"

Die zentrale Frage im Zusammenhang mit Identitätsfindung lautet: „Wer bin ich und wer kann ich sein?" (Arnold 2012a, S. 98). Die Lebenslauf-Übung soll Ihnen helfen, einer Antwort auf diese Frage näher zu kommen.

Das Leben aller Menschen verläuft üblicherweise in Höhen und Tiefen. Versuchen Sie bitte, im ersten Schritt Ihren Lebenslauf in chronologischer Abfolge zeichnerisch darzustellen. Hier ein Beispiel:

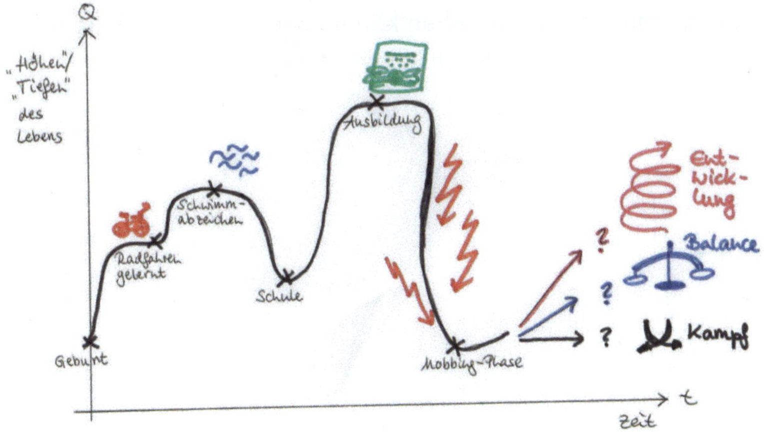

An der x-Achse wird der Lebenslauf in chronologischer Abfolge eingetragen. An der y-Achse werden die Höhen und Tiefen dargestellt, und zwar so, wie sie von Ihnen emotional bewertet wurden. Eine sachliche Objektivität ist hier nicht erforderlich. Je „höher" ein Ereignis abgebildet ist, desto positiver und wichtiger war es in Ihrem persönlichen Lebenslauf, desto relevanter wird es also von Ihnen für die persönliche Identitätsentwicklung eingestuft. Die Mobbing-Phase des Beispiels markiert einen Tiefpunkt der momentan empfundenen Ist-Situation.

Denken Sie auch an folgende Aspekte: Was hat mich geprägt (z.B. Werte, Erziehung)? Worauf bin ich stolz (z.B. Leistungen, Auszeichnungen)? Worüber freute ich mich besonders im Leben (z.B. glückhafte Begegnungen)? Welche Rückschläge musste ich verkraften (z.B. Versagen, Tod, Krankheiten)? Welche relevanten Entscheidungen habe ich im Leben getroffen (z.B. Partnerwahl, Berufswahl, Kinderwunsch)?

In einem zweiten Schritt dürfen Sie sich gerne als Ausblick für die Zukunft unterschiedliche Szenarien überlegen, wie es in Ihrer konkreten Situation weitergehen könnte. Überlegen Sie bitte auch, welche davon Sie sich tatsächlich wünschen würden.

Übung 10: Lebenslauf als Erzählung

TIPPS:

1. **Was ist Ihr Vermächtnis an die Nachwelt?**
2. **Erzählen Sie Ihre Memoiren vom 90. Geburtstag aus betrachtet.**
3. **Wo ist der „rote Faden" in Ihrem Leben?**
4. **Welche Ähnlichkeiten oder Wiederholungen von Handlungsmustern können Sie finden?**
5. **Was passiert scheinbar immer wieder?**
6. **Was passiert nie?**
7. **Wie gingen Sie mit Veränderungen in Ihrem Leben um?**

Lebenslauf als Erzählung

Stellen Sie sich vor, Sie sind 90 Jahre alt und sitzen in einem bequemen Lehnstuhl, umringt von ihren Enkelkindern. Die wollen nun von Ihnen wissen, wie Sie Ihr Leben geführt haben, welche Höhepunkte Sie erlebten, wie Sie sich damals fühlten. Nehmen Sie sich mindestens eine Stunde Zeit und versuchen Sie, Ihre Lebensgeschichte zu erzählen. Wenn es Ihnen leichter fällt, dies mit „echten" Zuhörern zu machen, laden Sie sich Freunde dazu ein, die Ihnen zuhören, Sie aber dabei nicht unterbrechen.

Versuchen Sie, Ihr Leben vom Ende her zu bewerten, den „roten Faden" in Ihrem Wertesystem zu entdecken und die Unterschiede zu den Entscheidungen anderer Menschen herauszuarbeiten, die ihr Leben anders lebten als Sie.

Würden Sie mit Ihren Verwandten oder Bekannten tauschen

wollen? Warum? Warum nicht? Worauf sind Sie stolz im Leben? Was sollte sich auf keinen Fall verändern? Was darf sich ändern? Was sollte sich ändern? Wie können Sie Änderungen initiieren? Wie sind Sie früher mit Veränderungen umgegangen? Was wollen Sie der Nachwelt als (geistiges) Vermächtnis hinterlassen?

Diese Übung kann auch schriftlich erfolgen oder auf einen Tonträger aufgezeichnet werden.

Übung 11: Analyse der Alternativen

TIPPS:

1. **Hier geht es um einen Überblick.**
2. **Stichworte genügen.**
3. **Auf Ausgewogenheit achten.**

SWOT-Analyse/ Analyse der Alternativen

Die zentrale Frage im Zusammenhang mit Kompetenz lautet: „Wie kann ich erfolgreich handeln?“ (Arnold 2012a, S. 98).

Die Analyse der Alternativen soll bei der Antwortfindung unterstützen.

Falls Sie mit dem Gedanken spielen, den Arbeitsplatz zu wechseln, oder in Gefahr stehen, Ihren Arbeitsplatz unfreiwillig zu verlieren, ist es unabdingbar, sich Klarheit zu verschaffen über berufliche Alternativen zur Sicherung des Lebensunterhalts. Dies kann allerdings auch bei unkündbaren Menschen zu mehr Zielklarheit führen.

Eine „SWOT-Analyse“ ist eine strategische Planungsmethode, die Ihnen helfen kann, einen Überblick über Ihre persönlichen Qualifikationen und die äußeren Rahmenbedingungen, in denen Sie sich bewegen, zu erhalten.

	Positiv	Negativ
Von innen / persönliche Qualifikation		
Von außen / äußere Rahmenbedingungen		

Listen Sie ihre beruflichen Stärken und Schwächen, die Chancen innerhalb ihres jetzigen Arbeitsplatzes und die Risiken, denen Sie ausgesetzt sind, auf, um schwarz auf weiß einen Überblick über ihre momentane Situation und die möglichen Alternativen zu erhalten. Hierbei fallen Ihnen ggf. Qualifikationslücken auf, die geschlossen werden sollten, um eine gezielte berufliche Neuorientierung zu fördern. Oder Sie stellen fest, dass Sie ihre Stärken anderweitig sinnvoller einsetzen könnten.

Achten Sie immer darauf, dass die Analyse in etwa ähnlich gewichtet wird, dass also nicht etwa eine Seite – weder negativ noch positiv – einen besonders starken Ausschlag erfährt. Sollte dies dennoch eintreten, kann es sinnvoll sein, die SWOT-Tabelle nicht alleine, sondern gemeinsam mit einem Coach oder guten Freunden auszufüllen. Dies kann eine ausgewogenere Darstellung der Sachverhalte befördern.

Die zentrale Frage im Zusammenhang mit Aneignung lautet: „Wie nachhaltig eigne ich mir Neues an?" (Arnold 2012a, S. 98). Dieser Frage können Sie im Anschluss an die Durchführung der SWOT-Analyse – im Idealfall zusammen mit einem Coach – bearbeiten. Beachten Sie hierbei, dass eine Antwort nicht ein für allemal gefällt werden kann, sondern dass Nachhaltigkeit am ehesten durch stetige Selbst-Reflexion erzielt werden kann. Der chinesische Volksmund sagt: „Wer aufhört zu rudern, treibt zurück." Es bedarf durchaus einer gewissen Anstrengung, um nachhaltige Verhaltensänderungen zu erzielen.

Übung 12: Skill-Analyse

TIPPS:

1. **Ausgeprägte Stärken rücken weiter nach oben.**
2. **Große Kreise bedeuten hohen Stellenwert für Sie persönlich.**
3. **Für Ihren Beruf relevante Stärken rücken weiter nach rechts.**

Analyse persönlicher Kompetenzen

Die zentrale Frage im Zusammenhang mit Kompetenz lautet: „Wie kann ich erfolgreich handeln?" (Arnold 2012a, S. 98). Die Skill-Analyse soll bei der Antwortfindung unterstützen.

Die grafische Darstellung Ihrer Kompetenz-Schwerpunkte kann Ihnen einen Überblick geben, wo Sie Ihre größten Stärken haben. Sie können dabei auf den Ergebnissen der SWOT-Analyse aufbauen und diejenigen Fähigkeiten grafisch darstellen, die Sie unter der Rubrik „Positiv" eingeordnet haben. Im Falle einer Mobbing-Problematik, bei der Andere Ihre Qualifikationen für Ihren Aufgabenbereich anzweifeln, bietet es sich an, hier den Schwerpunkt auf die fachlichen Kompetenzen zu legen.

„Ausprägung" bedeutet, je größer eine bestimmte Kompetenz bei Ihnen ausgeprägt ist, desto weiter rückt sie nach oben.

„Relevanz laut Stellenbeschreibung" bedeutet, je wichtiger eine Kompetenz an Ihrem Arbeitsplatz ist, desto weiter rückt sie nach rechts. Die Größer der Kreise gibt an, welchen Stellenwert die Kompetenzen für Sie persönlich spielen, d.h. ob Sie die jeweiligen Tätigkeiten mögen (großer Kreis) oder ob Sie die Fähigkeiten (z.B. zur Buchhaltung) zwar besitzen, sie aber auch auf ihre Ausübung verzichten könnten.

Im Idealfall liegen am Ende alle Tätigkeitsbereiche, die Sie besonders gerne machen, rechts oben. Sollte rechts oben keine Ihrer Lieblingsbereiche liegen, wäre das ein Thema, an dem Sie weiter arbeiten könnten, ggf. mit einem Coach.

Ihr Ergebnis könnte in etwa so aussehen:

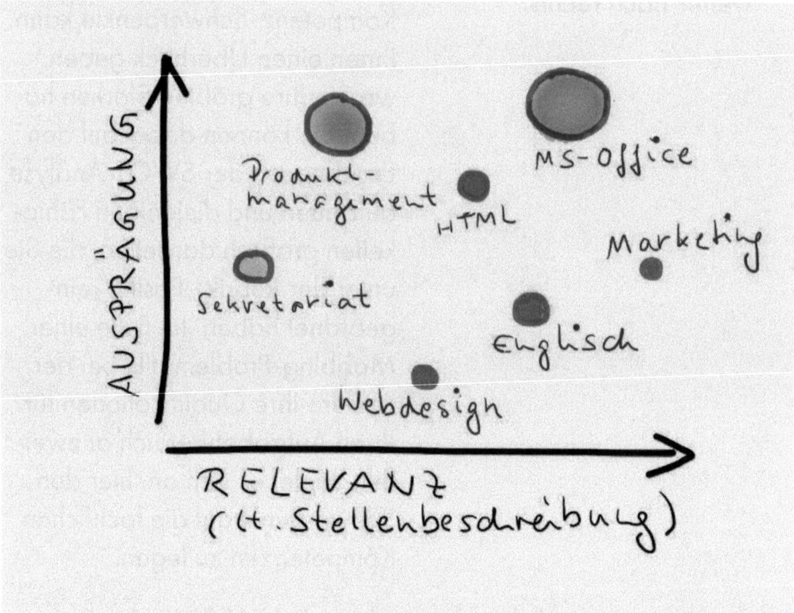

Als zweiten Schritt können Sie Ihre Stellenbeschreibung vornehmen und dieselbe Übung durchführen. Stellen Sie sich dabei vor, Sie wären Ihr Vorgesetzter und würden jemanden für Ihre

Position suchen. Welches Qualifikationsprofil würden Sie erwarten? Richten Sie sich dabei bitte genau daran aus, was in Ihrer Stellenbeschreibung aufgezählt wird. Suchen Sie sich hierfür ggf. Unterstützung durch einen Betriebsrat, der sich gut mit den darin verwendeten Begriffen auskennt und die Kompetenztiefe einschätzen kann, die Ihrer Stellenbeschreibung zugrunde liegt.

Sollten sich zwischen den Ergebnissen der beiden Diagramme deutliche Unterschiede ergeben – also größere oder völlig andere Stärken als am Arbeitsplatz benötigt, oder geringer ausgeprägte Kompetenzen als von der Stellenbeschreibung erwartet –, könnte dies ein Hinweis darauf sein, dass Sie nicht Ihren Qualifikationen entsprechend eingesetzt sind. Welche Schlüsse sich hieraus ergeben, kann jedoch erst in der Gesamtschau aller Übungen bewertet werden.

Übung 13: Patchwork-Biografie

TIPPS:

1. **Welche Kompetenzen bilden den „roten Faden" in Ihrem Leben?**
2. **In welchen Berufen werden diese Kompetenzen benötigt?**
3. **Wie lange sind/waren Sie in solchen Berufen beschäftigt?**

Patchwork-Biografie (Lebenslauf-Übung)

Die Biografien moderner Menschen entwickeln sich in zunehmendem Maße diversifiziert. Heute können es sich die wenigsten Menschen leisten, ausschließlich einen einzigen einmal erlernten Beruf ihr ganzes Leben lang auszuüben. Dies führt zwangsläufig zu sogenannten „Patchwork-Biografien", also zu aus mehreren unterschiedlichen Elementen zusammengesetzten Lebensläufen. Die Kunst besteht nun darin, diese unterschiedlichen Elemente so darzustellen, dass die ihnen gemeinsamen Aspekte als „roter Faden" aufleuchten.

Ein Blick auf die durch eine Berufsausbildung oder ein Studium erworbenen persönlichen Kompetenzen kann helfen, den roten Faden zu finden. Wenn z.B. eine Frau, die heute als Sekretärin oder in einer Gastwirtschaft arbeitet, um ihr Studium des Eventmanagements zu finanzieren, könnte der rote Faden ihr ausgeprägtes Kommunikationstalent oder ihre Vorliebe, mit Menschen zu arbeiten, sein. So können auf den ersten Blick nicht zusammen passende Berufsbilder bestimmte Vorlieben zum Vorschein bringen, die die eigentliche Triebfeder hinter der scheinbar zufälligen Berufswahl waren.

Beispiele für Kompetenzen, die Sie möglicherweise im Laufe Ihrer beruflichen Tätigkeit erworben haben, finden Sie in der folgenden Übersicht.

Berufsbild	Möglicherweise erworbene Kompetenzen
Sekretariat, Eventmanagement	• Behält immer den Überblick über eine Vielzahl kleiner, zeitlich in unterschiedlicher Reihenfolge anfallender Aufgaben(stränge) • Kann gut mit Unterbrechungen (z.B. Telefon) umgehen • Organisationstalent • Arbeitet gern mit anderen zusammen
Geschichtswissenschaften, Islamwissenschaft, Sinologie, Ägyptologie	• Gutes Durchhaltevermögen, auch gegen Widerstände, wenn Erfolge längere Zeit auf sich warten lassen • Blick für Details bei gleichzeitigem Verständnis für das große Ganze • Gutes Gefühl für sprachliche Nuancen • Interkulturelle Kompetenzen
Betriebswirtschaft, Rechnungswesen	• Schnelle Entscheidungsfindung • Gespür für Budgeteinhaltung • Fähigkeit, strukturierte Modelle zu erstellen • Starker Praxisbezug
Physik, Geologie	• Kann komplexe Sachverhalte verständlich darlegen • Verständnis für dreidimensionale Darstellungen • Visualisierung von Sachverhalten • Ausgeprägtes Methodenverständnis
Mathematik	• Exzellentes Zahlenverständnis • Lässt sich von Statistiken nicht irreführen
Technik, KFZ-Mechanik, Logistik, Informatik	• Sinn für Strukturen und Prozesse • Sinnvolle Abläufe konzipieren
Gastwirt, Therapeut, Frisör	• Emotionales Einfühlungsvermögen • Kommunikationstalent • Extrovertierte Grundeinstellung

Versuchen Sie nun, Ihren Lebenslauf entlang des „roten Fadens" Ihres Zentralthemas (z.B. „arbeitet gerne mit Menschen") zu formulieren, indem Sie bei jeder Lebenslaufstation herausarbeiten, inwiefern sie einen wichtigen Baustein für das Gesamtgebäude darstellt.

Überlegen Sie dann im Anschluss, in welchem beruflichen Umfeld Ihre bislang erworbenen Kompetenzen am besten zum Einsatz kommen könnten.

Übung 14: Bildung durch Lesen

TIPPS:

1. Thema aussuchen.
2. Buch kaufen oder in der Bibliothek ausleihen.
3. Lesen, lesen, lesen ...
4. ... bis der „rote Faden" plötzlich auftaucht.

Empfehlenswerte Basis-Literatur zum Einstieg in die aktive Selbst-Bildung durch gezielte Lektüre

Im Folgenden finden Sie eine kurze Übersicht von der Verfasserin empfohlener Lektüre, die Sie in unterschiedlichen Facetten Ihres Lebens unterstützen kann. Die Reihenfolge ist beliebig gewählt und nach Themen geordnet.

Der Schwerpunkt liegt dabei auf den Aspekten Mobbing, Erkenntnistheorie, Denkmuster und Emotionen, Persönlichkeits- und Kompetenzentwicklung, Identitätsfindung und Religion, Kreativität sowie berufliche Neuorientierung.

Schwerpunkt Mobbing

Stock, C. (2011): Mobbing. Freiburg i.Br.

Fehlau, E.G. (2000): Konflikte im Beruf. Freiburg i.Br.

Schwerpunkt Erkenntnistheorie, Denkmuster und Emotionen

Arnold, R. (2012): Seit wann haben Sie das? Grundlinien eines Emotionalen Konstruktivismus. 2. unveränderte Aufl. Heidelberg.

Boerner, M. (2009): 30 Minuten für die Auflösung von Ärger und Frustration. 4. Aufl. Offenbach.

Watzlawick, P. (1983): Anleitung zum Unglücklichsein. München.

Watzlawick, P. (1990): Wie wirklich ist die Wirklichkeit? Wahn, Täuschung, Verstehen. München.

Schwerpunkt Persönlichkeits- und Kompetenzentwicklung

Gay, F. (2005): Das DISG Persönlichkeits-Profil. Persönliche Stärke ist kein Zufall. Mit dem original DISG Fragebogen zur Selbstauswertung. Remchingen.

Schwerpunkt Identitätsfindung, Religion

Müller-Commichau, W. (2009): Identitätslernen – Jüdische Erwachsenenbildung in Deutschland vom Kaiserreich bis zur Berliner Republik. Baltmannsweiler.

Frankl, V.E. (2006): ...trotzdem Ja zum Leben sagen. Ein Psychologe erlebt das Konzentrationslager. München.

Schwerpunkt Kreativität

Csikszentmihalyi, M. (2001): Kreativität. Wie Sie das Unmögliche schaffen und Ihre Grenzen überwinden. Stuttgart.

Schwerpunkt berufliche Neuorientierung

Faltin, G. (2008): Kopf schlägt Kapital. Die ganz andere Art, ein Unternehmen zu gründen. Von der Lust, ein Entrepreneur zu sein. München.

Kapitel 4

Theorie der Praxis

In diesem Teil werden die erziehungswissenschaftlichen Hintergründe für das „Selbsthilfe-Instrumentarium" dargelegt.

Der Leser erfährt, welchen Sinn die Übungen des „Selbsthilfe-Instrumentariums" haben.

Die Methode des Reflexions- und Übungsbogens

Es gibt zahlreiche Informations-, Unterstützungs- und Coaching-Angebote, die Mobbing-Betroffene heutzutage wahrnehmen können. Was m.E. nach noch nicht entwickelt wurde, ist ein Selbsthilfe-Instrumentarium, das Mobbing-Betroffene erst einmal alleine für sich durcharbeiten können, um mehr Klarheit über sich und ihre Situation zu erfahren. Daher fiel im Rahmen dieser Arbeit die Wahl auf die Methode eines Reflexions- und Übungsbogens, mit dessen Hilfe Reflexionen angestoßen werden sollen. Er soll Anregungen bieten, nicht jedoch einen professionellen Coach ersetzen. Im Idealfall kann in einem Coaching auf den Auswertungen des Betroffenen aufgebaut werden.

„*Im systemischen Interview* ist das Fragen eine zentrale Methode, die viele Vorteile vereint. Die vielfältigen Techniken des zirkulären Fragens fördern Informationen zu Tage und konstruieren gleichzeitig neue Informationen im System, ermöglichen es, mehrere Menschen (Familien, Paare, Lehrer und Schüler, Freunde etc.) gleichzeitig unter Wahrung der Allparteilichkeit zu interviewen, wecken die Neugier des Systems und erhalten die Aufmerksamkeit im längeren Interviewprozess aufrecht, schaffen die Möglichkeit, die Sicht anderer auf die eigene Person genauer kennen zu lernen, verstärken das Gefühl, an etwas Gemeinsamem zu arbeiten." (Kindl-Beilfuß 2008, S. 13, Hervorhebung im Original). Die Fragen im Reflexionsbogen sind vorab vorbereitet und können daher nicht interaktiv auf den Antwortenden eingehen, doch haben auch sie die Funktion, die Aufmerksamkeit des Reflektierenden aufrechtzuerhalten sowie andere Sichtweisen einzuüben.

„Fragen und Gefragtwerden kann uns den Zugang zu unserer Zukunft, wie sie erscheinen möchte, eröffnen. Sie stellen somit ein wesentliches Element einer sozialen Technologie dar, durch welche neue Perspektiven entstehen können. Denn Fragen lenken die Aufmerksamkeit. Sie können deshalb auch den Blick von dem Lamento weg und auf uns selbst zurücklenken." (Arnold 2012a, S. 96).

Der Gedanke, dass so etwas wie ein „Selbst-Coaching" überhaupt möglich ist, entstammt im Wesentlichen der systemisch-konstruktivistischen Annahme, dass jeglicher Lern- und Veränderungsprozess nicht von außen verordnet, sondern nur von innen bejaht werden kann. „Lernen im Sinne von Veränderung ist nur von innen heraus steuerbar – durch Reflexion und Einsicht, aber auch durch das sich Spüren in veränderten Kontexten" (Arnold 2010b, S. 114). Der Untertitel zu Arnolds Buch „Führen mit Gefühl. Ein Selbstcoaching für Führungskräfte" legt ganz explizit nahe, dass ein „Selbst-Coaching" möglich ist. (Arnold 2008a). „Veränderte Kontexte" können durch pädagogische Lernumgebungen gezielt angeboten werden. Für Mobbing-Betroffene liegen diese veränderten Kontexte jedoch meist bereits dadurch vor, dass sich ihre Arbeitsumgebung anders „verhält" als dies bisher der Fall war. Sie leben sozusagen in einem veränderten lebensweltlichen Kontext, unter dem sie leiden und den sie gern verändern möchten. Die Veränderungsbereitschaft muss hier üblicherweise nicht erst pädagogisch angeregt werden, sondern es besteht bereits ein gewisser existenzieller Veränderungsdruck. Dies ist als gute Ausgangsposition zu betrachten, denn „in den zentralen Bereichen unserer Persönlichkeit scheinen die früh erworbenen emotionalen Einspurungen (...) bevorzugt in krisenhaften Prozessen transformierbar zu sein" (Arnold 2010b, S. 160).

Ziel des Selbsthilfe-Instrumentariums ist es, die bei Mobbing-Betroffenen vorhandenen persönlichen Ressourcen zu betonen und möglichst viele „Unterschiede zum Bestehenden" (vgl. Arnold 2010b, S. 116) herauszuarbeiten. Wenn es dem Mobbing-Betroffenen gelingt, so zu handeln, „dass die Anzahl der Möglichkeiten wächst" (i.e. „ethischer Imperativ", von Foerster/Pörksen 1999, S. 36), kann er durch die veränderte Wahrnehmung neu entstehende Chancen leichter erkennen und daher gezielt ergreifen. Er bleibt dadurch handlungsfähig und braucht sich nicht als Opfer von Schicksalsschlägen zu empfinden.

Hier muss jedoch vorausgesetzt werden, dass ein Selbst-Coaching nur gelingen kann, wenn der Betroffene bereits eine gewisse positive Vorerfahrung mit Lern- und Veränderungsprozessen mitbringt. Arnold weist darauf hin, dass „eine emotionale Selbstbildung (...) eine innere Bewegung (ist), die nur dann wirklich ihre Kraft entfalten kann, wenn die äußeren Rahmenbedingungen, in denen Menschen leben, diesen einen schützenden Raum zu bieten vermögen" (Arnold 2010b, S. 159). Arnold wendet sich m.E. zu Recht gegen eine „pädagogische Lesart des neoliberalen Glaubensbekenntnisses", das auf eine – in der gesellschaftlichen Realität nicht vorhandene – Gleichheit pocht, die der Neoliberalismus aber nicht bereit ist, auch durch geeignete soziale Hilfsangebote einzulösen. Somit setzt die Anwendbarkeit des Reflexions- und Übungsbogens im Rahmen eines Selbst-Coachings durchaus voraus, dass der Selbst-Coachee Anteil hat an „geeigneten Rahmenbedingungen für die Selbstbildung" (Arnold 2010b, S. 159). „Soziale Bedrohung, Ausgrenzung und Demütigung sowie existentieller Stress bzw. Angst sind keine geeigneten Rahmenbedingungen für die Selbstbildung. Sie erzeugen vielmehr den seelischen Wurzelgrund für das Entstehen und die Praxen einer unsolidarischen Gesellschaft." (Arnold 2010b, S. 159). In solchen Fällen ist dringend anzuraten, Hilfe durch Dritte (z.B. eines Therapeuten, Coachs, Sozialarbeiters, Juristen) in Anspruch zu nehmen.

Um eine Reflexion anzuregen, ist der Fragen- und Reflexionsteil so aufgebaut, dass keine Ja/Nein-Antworten möglich sind. Es wurde bewusst keine Auswertung anhand einer Checkliste gewählt, da die Antworten nicht standardisierbar sind. Jeder Betroffene bringt seine eigenen Wertvorstellungen, Deutungsmuster und Glaubenssätze mit. Diese wahrzunehmen und um neue – vielleicht sogar gegensätzliche – zu erweitern, kann eine versöhnliche Haltung begünstigen. (vgl. Schlumpf 2012, S. 121).

Der Übungsteil dient dazu, zuerst einmal die eigenen Emotionen wahrzunehmen und zu Papier zu bringen (z.B. „Brief an einen guten Freund"), um sich dadurch eine erste emotionale Entlastung zu verschaffen, weil danach nicht mehr befürchtet werden muss, möglicherweise etwas Wichtiges zu vergessen. Des Weiteren sollen die Emotionen die Identitätsfindung unterstützen (z.B. „Lebenslauf als Landschaftsgemälde"). Die Übungen sollen zu einer Strukturierung der Gedanken beitragen (z.B. „Mobbing-Tagebuch" und „SWOT-Analyse"). Dies einerseits, um sich selbst Klarheit zu verschaffen, und andererseits als Vorbereitung für einen sich eventuell anschließenden Coaching-Prozess.

Fragen und Übungen

Die Fragen und Übungen des Selbsthilfe-Instrumentariums dienen einerseits zum Eruieren des Status quo, also des momentanen Ausgangspunkts, an dem sich der Mobbing-Betroffene selbst sieht, und andererseits der Erlangung einer Perspektive, die sich anzustreben lohnt, und die wieder neuen Mut und neue Hoffnung geben kann.

Die Übungen korrespondieren wie folgt mit den Kompetenzen der „sechs Schutzfaktoren" gegen Mobbing:

Übung \ Kompetenz der „sechs Schutzfaktoren"	Selbstwahrnehmung	Selbstregulation	Selbstwirksamkeit	Soziale Kompetenz	Umgang mit Stress	Problemlösen
„Liebes Tagesbuch"- Brief an einen Freund	X		X	X	X	
Wie sieht meine momentane Situation am Arbeitsplatz konkret aus?	X			X		X
Mobbing-Tagebuch	X	X	X	X		X
Beobachterbeschreibung	X	X		X		
Zeugen			X		X	X
„Familien"-Aufstellung	X			X	X	
Denkmuster	X	X	X	X	X	X
Lebenslauf als Landschaftsgemälde	X					
Lebenslauf als Erzählung	X			X		
SWOT-Analyse	X	X	X	X		X
Skill-Analyse	X			X		X
DISG-Persönlichkeitsprofil	X					X
Patchwork-Biografie	X		X	X		X
Lektüre	X	X			X	X

Dabei fällt auf, dass fast alle Übungen die Selbstwahrnehmung steigern bzw. dass man bereits über einen gewissen Grad an Fähigkeit zur Selbstwahrnehmung verfügen muss, um die Übungen sinnvoll alleine durchführen zu können.

Ein Kreuz (X) bei Selbstregulation wurde dann vergeben, wenn eine Übung es erfordert, während der Übung seinen Emotionen weniger Freiraum zuzugestehen und stattdessen verstärkt eine Beobachterposition einzunehmen.

Selbstwirksamkeit bekam ein Kreuz (X) für Übungen, mit denen der Mobbing-Betroffene momentane oder zukünftige Aktionen (z.B. ein Gespräch mit dem Betriebsrat) vorbereiten und begleiten kann. – Wenn sich beispielsweise jemand bereit erklärt, für mich als Zeuge auszusagen, fühle ich mich „stark" und nicht in der Opferrolle.

Soziale Kompetenz greift bei den Übungen, bei deren Durchführung nicht nur der eigene Blickwinkel gefragt ist, sondern die Situation als Ganzes – entweder auf einem Blatt Papier oder gegenüber einem Freund – geschildert werden muss.

Einige Übungen tragen auch zum besseren Umgang mit Stress bei, indem sie entweder spontan entlasten (z.B. Brief an einen Freund bzw. an das Tagebuch) oder konstatieren, dass der Mobbing-Betroffene nicht alleine da steht (z.B. Zeugen).

Die Übungen, die ein Kreuz (X) bei Problemlösen erhielten, sind in Mobbing-Situationen besonders dazu geeignet, einen akuten Fall zu strukturieren und den Betroffenen in seiner Kommunikation mit sich selbst, mit Betriebsräten, mit Anwälten, mit Freunden zu unterstützen, indem sie dazu beitragen, vage empfundene Gefühle in eine für Dritte nachvollziehbare Form zu bringen, und – sofern sich das Thema dahin entwickeln sollte – Anstöße zur beruflichen Neuorientierung zu geben.

Wissenschaftlicher Hintergrund

Im Folgenden wird der erwachsenenpädagogische Hintergrund der einzelnen Übungsteile vorgestellt. Die dazu gehörenden Anleitungen und Erläuterungen für die Mobbing-Betroffenen befinden sich im Reflexions- und Übungsteil „Selbsthilfe-Instrumentarium".

„Liebes Tagebuch" – Brief an einen (imaginären) guten Freund

Für viele Menschen ist es sehr befreiend, wenn sie sich erst einmal alles „von der Seele" reden können. Falls hierfür keine geeigneten Freunde zur Verfügung stehen, und kein parallel stattfindendes Coaching durchgeführt wird, kann es hilfreich sein, einem imaginären Freund oder dem eigenen Tagebuch einen Brief zu schreiben, in dem alles zur Sprache kommen darf, was einem in Bezug auf die Mobbing-Situation durch den Kopf geht. Hier kommt es im Gegensatz zu einem „Mobbing-Tagebuch" (s.u.) nicht darauf an, alles so zu formulieren, dass Dritte es möglichst gut nachvollziehen können, sondern der emotionale Nutzen liegt darin, den Kopf frei zu bekommen, um nicht länger befürchten zu müssen, dass wichtige Aspekte in Vergessenheit geraten könnten.

Wie sieht meine momentane Situation am Arbeitsplatz konkret aus?

Diese Frage dient der Vorbereitung von Gesprächen mit Betriebsräten oder einem Coach. Es ist für den Mobbing-Betroffenen hilfreich, sich klar zu machen, an welcher hierarchischen Position und mit welchen konkreten Aufgaben er in der Firma angestellt ist. Diskrepanzen zwischen formaler Stellenbeschreibung und tatsächlich durchgeführten Aufgaben können für Missverständnisse und Mobbing-Situationen verantwortlich sein. Dies gilt es von vornherein zu klären.

Bei dieser Übung ist das Augenmerk zu richten auf die Organisationsstruktur des Unternehmens, die Tätigkeitsbeschreibung des Mobbing-Betroffenen, das Führungsverhalten des jeweiligen Vorgesetzten – auch wenn er nicht der aktiv „Mobbende" ist, durch scheinbare Passivität trägt er auch zum Geschehen bei – sowie betriebliche Rahmenbedingungen wie z.B. Vorhandensein eines Betriebsrats, eines Betrieblichen Eingliederungsmanagements (BEM), spezifische Aspekte der Unternehmenskultur sowie eventuelle Aktivitäten von Gewerkschaften im Unternehmen. (vgl. Wolmerath/Esser 2012, S. 139).

Die Skalen-Bewertung bei der Frage: „Wie stark identifizieren Sie sich mit dem Unternehmen (auf einer Skala von 1 bis 10)?" wurde übernommen von Steve de Shazer. (vgl. de Shazer 2010, S. 110). „Da man nie absolut sicher sein kann, was eine andere Person mit ihrer Verwendung eines Wortes oder Konzepts gemeint hat, erlauben es Skalierungsfragen (...), über schwer zu beschreibende Dinge zu sprechen." (de Shazer 2010, S. 110).

„Mobbing-Tagebuch"

Für Betroffene ist es erfahrungsgemäß anfangs nicht einfach, ihre Situation so zu schildern, dass sie für Dritte nachvollziehbar ist. Das eigene starke, emotionale Eingebundensein kann zu einer gewissen „Blindheit" für die Sichtweisen Dritter führen. Um sich selbst auf die Schliche zu kommen und um einen Ausgangspunkt zu haben, von dem aus konkrete Schritte eingeleitet werden können, ist es daher hilfreich, den Status quo, also den „Ist"-Zustand – am besten schriftlich – festzuhalten.

Ein „Mobbing-Tagebuch" dient dazu, den chronologischen Ablauf des Mobbing-Geschehens für Dritte nachvollziehbar in Stichworten zu notieren. Da es unter Umständen auch juristisch verwertbar ist, sollte es möglichst beschreibend, also nicht vornehmlich wertend, abgefasst sein. Es kann tabellarisch aufgebaut sein. Ein Beispiel für die tabellarische Struktur findet sich im „Selbsthilfe-Instrumentarium".

Was genau könnte ein Beobachter beschreiben, der mich an meinem Arbeitsplatz während einer Mobbing-Situation beobachten würde?

Diese Frage dient der sachlichen Beschreibung dessen, was beobachtbar vor sich geht. Wie sich der Betroffene dabei fühlt, steht hier nicht im Vordergrund. Der Perspektivenwechsel kann eine Reflexion ermöglichen, die emotionale Blockaden umgeht.

Gibt es Zeugen für meine Erlebnisse? Wer?

Zeugen, die Beobachtungen und Erlebnisse verifizieren und bestätigen können, sind eine wichtige Stütze in Gesprächen mit dem Betriebsrat und unentbehrlich im Fall einer juristischen Auseinandersetzung. Es kann auch hilfreich sein, die Zeugen – ggf. gemeinsam mit einem Betriebsrat – nach ihrer Wahrnehmung der Ereignisse zu befragen, um die eigene Perspektive zu erweitern oder ggf. zu korrigieren.

Die „Wunderfrage" nach Steve de Shazer

Die Frage: „Woran würden Sie merken, dass heute Nacht ein Wunder geschehen ist, das Ihr Problem gelöst hat?" hat mehrere Funktionen. Einerseits kann sie den Mobbing-Betroffenen in eine Gefühlswelt führen, die er schon lange nicht mehr gespürt hat.

Andererseits gibt sie Hinweise darauf, wie die Lösung aussehen könnte, ohne vorher auf das Problem eingehen zu müssen. „Weil wir bemerkt haben, dass die Entwicklung einer Lösung nicht notwendigerweise in irgendeiner Beziehung zu den Problemen und Beschwerden steht, macht die Phrasierung der Frage einen radikalen Unterschied zwischen Problem und Lösung." (de Shazer 2010, S. 114).

Übung zum Wechsel der Blickrichtung

Bei Situationen am Arbeitsplatz handelt es sich zwar nicht tatsächlich um familiäre Situationen, dennoch agieren viele Menschen am Arbeitsplatz familiendynamische Prägungen aus. (vgl. Hesse/Schrader 1993, S. 126ff). Immerhin verbringen sie oft mehr Zeit mit ihren Kollegen in der Firma als mit ihrer Familie daheim. Und manche Arbeitgeber begrüßen es sehr, wenn sich ihre Angestellten stark mit dem Unternehmen verbunden fühlen. Üblicherweise sind heutige Unternehmen aber nicht so organisiert, dass sie eine lebenslange Arbeitsplatzgarantie – geschweige denn eine Gewähr für dauerhafte persönliche und berufliche Weiterentwicklung – geben können. Die Übung der „Familienaufstellung" (vgl. Ulsamer 1999) kann dazu beitragen, dass Mobbing-Betroffene sich ihrer eigenen Emotionen gegenüber anderen Beteiligten am Mobbing-Prozess (z.B. Vorgesetzte, Kollegen, Freundeskreis) bewusst(er) werden und die Emotionen aller an der Familienaufstellung stellvertretend Beteiligten im Überblick betrachten können. Dies kann ihnen aus der Isolation helfen, die eine Reduktion auf die eigene Wahrnehmung oft mit sich bringt.

Die positive Wirkung von Familienaufstellungen auf den „Zusammenhang der Lebensgeschichte", „die sogenannte Kohärenz" unterstreicht auch Schlumpf: „Wenn das eigene Leben wie ein gut zusammengesetztes Puzzle erscheint und man erkennt, wie sich alles zu einem sinnvollen Ganzen fügt, sodass es erzählt und in einen zeitlichen Ablauf gestellt werden kann, hilft das sehr viel zum Begreifen und Annehmen der Geschehnisse." (Schlumpf 2012, S. 117).

Systemische Aufstellungen können auch in Form einer Organisationsaufstellung durchgeführt werden (vgl. Arnold 2010a, S. 96). „Systemische Aufstellungen, die durch Ansätze des Psychodramas (Moreno) sowie Skulpturansätze aus der Familientherapie (Satir) inspiriert wurden, sind phänomenologische Verfahren, in denen Muster sichtbar werden und Möglichkeiten einer Musterunterbrechung ausgelotet werden können. Dafür wird von einem Beteiligten die jeweilige Problem- oder Konfliktsituation in der Form aufgestellt, dass er für die an dieser Situation Beteiligten Stellvertreter (= andere Teilnehmern (sic!) an dem Workshop oder Seminar) so im Raum zueinander positioniert, wie er die Situation spürt. Entscheidend ist dabei die Blickrichtung, die den Stellvertretern aus ihrer Position auf das Geschehen bzw. die anderen Beteiligten möglich ist sowie ihre Zentralität oder Randstellung zum Geschehen." (Arnold 2010a, S. 96).

Die im Übungsbogen verwendete Kurzform des Familienstellens ist eigentlich eine adaptierte Übung aus der Gestalttherapie nach Friedrich (Frederick) Salomon Perls (vgl. Werner Stangl 2013, Werner Stangls Arbeitsblätter, Gestalttherapie: Fritz Perls, Abs. 8, URL: http://www.stangl-taller.at/ARBEITSBLAETTER/PSYCHOTHERAPIE/Gestalttherapie-Perls.shtml, Stand: 22.02.2013) und dient einer ersten emotionalen Annäherung an ungewohnte Sichtweisen. Die Übung ist bewusst einfach gestaltet, damit sie notfalls auch alleine durchgeführt werden kann. Der Schwerpunkt liegt nicht im „unmittelbaren Erleben", wie durch die Ausgangsform der Übung in der Gestalttherapie eigentlich intendiert (vgl. a.a.O.), sondern in der Bewusstmachung und Reflexion unterschiedlicher Standpunkte und Sichtweisen.

Übung zur Auflösung von Denkmustern

„Deutungs- und Emotionsmuster des Identitätsausdrucks" sind lt. Arnold „nicht-objektivierbare Besonderheiten des persönlichen Konstrukts" und „gewachsene Weltsichten", die „unser Denken und Handeln vielfach weit mehr bestimmen als so manche kluge Einsicht, mit der wir uns befassen" (Arnold 2010b, S. 67).

Die Auflösung negativer Denkmuster hat für Mobbing-Betroffene den Vorteil, dass sie lernen, die Perspektive zu wechseln, das Szenario, das sie sich in ihrem Kopf von der „Wirklichkeit" im Unternehmen und in Bezug auf sich selbst gemacht haben, zu hinterfragen. Dies führt meist zu völlig veränderten „Realitäten": „Indem der Mensch lernt, Situationen nicht mehr nur durch die Brille des Bekannten zu sehen, sondern das Vertraute unter neuer Perspektive zu betrachten, verändert sich für ihn der Gegenstand bzw. das Gegenüber." (Arnold 2010b, S. 42).

Hierbei steht die Frage im Vordergrund: „Wie konstruiere ich mir meine Gewissheiten?" (Arnold 2012a, S. 98).

Der Fragenkomplex im „Selbsthilfe-Instrumentarium" wurde bewusst unverändert aus Arnolds Methoden-ABC für Führungskräfte übernommen, denn es können einerseits auch Führungskräfte von Mobbing betroffen sein und andererseits haben nicht wenige Mobbing-Betroffene das überwertige Gefühl (vgl. Arnold 2012a, S. 45; vgl. Riemann 1975, S. 19), für das Gedeihen „ihrer" Firma verantwortlich zu sein, woraus eine ähnliche Emotionslage resultieren dürfte, wie tatsächliche Führungskräfte sie aufweisen.

Lebenslauf als „Landschaftsgemälde"

Die zentrale Frage im Zusammenhang mit Identitätsfindung lautet: „Wer bin ich und wer kann ich sein?" (Arnold 2012a, S. 98). Die

Lebenslauf-Übung soll helfen, einer Antwort zum ersten Teil der Frage näher zu kommen.

Die Übung „Lebenslauf als Landschaftsgemälde" dient der Identitätsfindung und ist eine Weiterentwicklung der Übung „Lebenslinie", wie sie Monika Kalnins und Doris Röschmann in ihrem Logbuch für Trainer „Icebreaker" beschreiben. (Kalnins/Röschmann 2010, S. 48). Die Grundidee ist dieselbe, nämlich „eine Linie zu zeichnen, die ihr (d.h. der Teilnehmer an der Übung, d. Verf.) Leben symbolisiert. Dabei markieren sie wichtige Entwicklungspunkte, Veränderungen, Krisen und Entscheidungen. Sie markieren den Punkt oder Abschnitt, auf dem sie sich gerade befinden." (Kalnins/Röschmann 2010, S. 48). Die Weiterentwicklung besteht darin, die Linie nicht zweidimensional zu betrachten (Auf und Ab), sondern als dreidimensionales Gemälde (Höhen, Tiefen, Umwege, Perspektiven) zu visualisieren, auf dem auch äußere Einflüsse (z.B. eine wichtige Bezugsperson, ein zentraler Gegenstand) bildlich dargestellt (z.B. mit Icons oder Symbolen) werden können. Der Kreativität sind hier keine Grenzen gesetzt. Zentrales Kriterium ist in jedem Fall die Darstellung dessen, was der Übende subjektiv als wegweisend oder als Wendepunkte in seinem Leben wahrgenommen hat.

Lebenslauf als Erzählung

Diese Übung dient dem Perspektivenwechsel, indem versucht wird, das eigene Leben vom Ende her zu betrachten und zu bewerten. Um die eigene – bereits in der Vergangenheit liegende – Lebensgeschichte erzählen zu können, muss man sich des „roten Fadens" bewusst sein bzw. werden. Wichtige Stationen im Leben sollen mündlich oder schriftlich in eine zeitlich und logisch kohärente Abfolge gebracht werden, aus der die Werte, das Erreichte, das Misslungene und die ggf. offen gebliebenen Fragen und Aspekte ersichtlich werden.

Die Inhalte der Übung „Lebenslauf als Erzählung" können dieselben sein wie bei der Übung „Lebenslauf als Landschaftsgemälde". Die Beantwortung der Sinnfrage steht hier jedoch stärker im Vordergrund.

SWOT-Analyse / Analyse der Alternativen

Die zentrale Frage im Zusammenhang mit Kompetenz lautet: „Wie kann ich erfolgreich handeln?" (Arnold 2012a, S. 98). Die SWOT-Analyse soll bei der Antwortfindung unterstützen.

Die SWOT-Analyse – das Akronym steht für „Strengths, Weaknesses, Opportunities, Threats" – ist eine allgemeine Technik, die meist im unternehmerischen Strategieprozess eingesetzt wird. Sie eignet sich gut, um einen Überblick über den Status quo zu bekommen und mögliche Alternativen zu analysieren (vgl. Allgeier 2003, S. 637ff). Wo steht der Mobbing-Betroffene heute? Welche Wahrnehmung von sich selbst, von seinen Stärken und Schwächen hat er? Welche Risiken sieht er auf sich zu kommen, mit denen er sich auseinander setzen muss? Welche Chancen könnten sich dabei ergeben? Die Zweiteilung in eine Innensicht – Stärken und Schwächen – und eine Außensicht – Risiken und Chancen – strukturiert die Situation, so dass von da aus transparent(er) werden kann, wie zukünftige Maßnahmen aussehen könnten. Mobbing-Betroffene sind oft gefangen in einer Art psychischer Lähmung, die ihnen die Konzentration raubt. Durch die geistige Anstrengung, sich in strukturierter Form Gedanken zu machen, kann diese Starre aufgebrochen werden. Im ersten Anlauf fällt es manchem vielleicht schwer, gezielt Chancen zu erkennen, die in einer Veränderung liegen. Hier könnte ein Coach weitere Impulse geben.

Als Unterpunkt des Abschnitts „Risiken" kann eine Analyse des „Worst-Case-Szenarios" durchgeführt werden (vgl. Allgeier

2003, S. 639). Wenn der Mobbing-Betroffene sich gestattet, den Blick auf das im schlimmsten Fall Mögliche zu richten, könnte er unter Umständen feststellen, dass es gar nicht so schlimm ist, wie seine Gefühle es ihm anfangs – aufgrund von Katastrophisierungstendenzen (Arnold 2012, S. 30) – nahezulegen schienen. Der Blick auf den Horizont kann dazu beitragen, dass neue Wege und Chancen erkannt werden, die vorher aufgrund der Abschirmungsfunktion der Emotionen nicht wahrgenommen werden konnten. Denn, *„wir können uns nur zu unseren eigenen Bedingungen dem Neuen aussetzen, und wir konstruieren uns die neue Wirklichkeit nicht nur so, wie wir sie auf der Basis unserer bewährten Deutungsmuster konstruieren, sondern auch so, wie wir sie aushalten können."* (Arnold 2012a, S. 52, Hervorhebung im Original; vgl. Arnold 2010a, S. 28). – Es ist unbedingt anzuraten, das „Worst-Case-Szenario" erst nach der Übung mit den Denkmustern zu bearbeiten, um nicht ins „Katastrophisieren" (Arnold 2012a, S.30) oder gar in „selbsterfüllende Prophezeiungs"-Tendenzen (Arnold 2012a, S. 33) zu geraten.

Die zentrale Frage im Zusammenhang mit Aneignung lautet: „Wie nachhaltig eigne ich mir Neues an?" (Arnold 2012a, S. 98). Diese Frage kann im Nachgang zur Durchführung der SWOT-Analyse – im Idealfall zusammen mit einem Coach – bearbeitet werden. Eine Antwort wird nicht ein für allemal gefällt werden können, sondern Nachhaltigkeit kann am besten durch stetige Selbst-Reflexion erzielt werden.

Die Skill-Analyse

Die Skill-Analyse ist eine Abwandlung eines im Produktmanagement geläufigen Verfahrens der Portfolio-Analyse. Auf der y-Achse wird im Produkt-Portfolio die Marktattraktivität abgetragen und auf der x-Achse die Wettbewerbsposition (Homburg/Krohmer

2003, S. 1014). Die Größe der Kreise entspricht dem Umsatzvolumen eines bestimmten Produktes am Markt. (vgl. a.a.O., S. 439).

Die Analogie besteht darin, sich vorzustellen, dass ein Mitarbeiter seine Fähigkeiten und Kompetenzen, also sein „Business-Repertoire", sozusagen in seinem persönlichen Angebots-Portfolio hat, um dieses an den Arbeitgeber gegen Zahlung eines Gehalts zu verkaufen.

Bei der Skill-Analyse wird das Produktmanagement-Modell dahingehend abgewandelt, dass auf der y-Achse der Grad der jeweiligen Ausprägung einer bestimmten „Kompetenz" – genauer gesagt: der Grad der Beherrschung einer bestimmten Aufgabe mittels der dafür nötigen Kompetenzen – und auf der x-Achse die Relevanz dieser „Kompetenz" im Rahmen der aktuellen Stellenbeschreibung des Mitarbeiters erfasst wird. Die Größe der Kreise gibt die persönliche Präferenz des Mitarbeiters an, d.h. wie sehr ihm die Ausübung der jeweiligen Kompetenz/Aufgabe Freude bereitet. Eine entsprechende Beispielgrafik befindet sich im „Selbsthilfe-Instrumentarium".

Ziel der Übung ist es herauszufinden, ob die Ursache einer Mobbing-Situation damit zusammenhängen könnte, dass der Mitarbeiter unter- oder überqualifiziert sein könnte für seinen konkreten Arbeitsplatz und wie sein optimaler Arbeitsplatz aussehen würde.

Das „DISG"-Persönlichkeitsprofil

Die persönlichen Stärken optimal zu entwickeln und einzusetzen (vgl. Gay 2005, S. 11) ist eine anspruchsvolle Aufgabe, die durch praxiserprobte Methoden unterstützt werden kann. Eine dieser Methoden, die schon seit 1990 auf dem deutschsprachigen Markt ist, ist das „DISG Persönlichkeitsprofil". Bis zum Jahr 2005 wurden bereits mehr als 600.000 Analysen durchgeführt und das dazugehörige Buch mit Fragebogen zur Selbstauswertung erfuhr eine Auflage von 180.000 Exemplaren (vgl. Gay 2005, S. 11).

„Ziel des DISG Persönlichkeitsprofils ist es, eine Art Metawissen zu erlangen, das den Anwender befähigt, über das eigene Verhalten in konkreten Situationen nachzudenken und durch die gewonnenen Erkenntnisse flexibler auf neue Situationen zu reagieren." (Gay 2005, S. 25). Es ist also genau auf die Bedürfnisse von Menschen ausgelegt, die ihr eigenes Verhalten im Kontext des Verhaltens von Anderen reflektieren wollen, um sich und Andere besser zu verstehen.

Die vier Quadranten des DISG-Modells sind wie folgt zusammengestellt (Gay 2005, S.22):

		Wahrnehmung des Umfeldes	
		anstrengend/stressig	**angenehm/nicht stressig**
Reaktion auf das Umfeld	**bestimmt**	Dominanz	Initiative
	zurückhaltend	Gewissenhaftigkeit	Stetigkeit

Jeder Mensch vereinigt üblicherweise alle vier der genannten Persönlichkeitsmerkmale in sich. Es kommt bei der Auswertung jedoch auf die unterschiedliche Gewichtung an, woraus sich bestimmte Handlungspräferenzen ableiten lassen, die wiederum Aufschlüsse darüber geben, weshalb andere Menschen sich in bestimmten

Situationen vom eigenen Verhalten und der eigenen Erwartungshaltung abweichend verhalten.

Damit Mobbing-Betroffene gezielt davon profitieren können, wäre es ideal, wenn die Kolleginnen und Kollegen des von Mobbing Betroffenen ebenfalls an einer solchen Analyse teilnehmen würden. Dies würde eine „gemeinsame Kommunikationsbasis" liefern, „auf der auch sehr unterschiedliche Persönlichkeiten über das gegenseitig wahrgenommene Verhalten ins Gespräch kommen und Wege zum besseren Verständnis erarbeiten könnten" (Gay 2005, S. 25). Der Betriebsrat könnte eine solche Analyse bei den Betroffenen anregen. Da dies jedoch mit Kosten verbunden ist, muss in das gesamte Vorgehen rund um die Behebung einer bestehenden Mobbing-Situation stets die Geschäftsleitung mit eingebunden werden. Es ist jedoch an dieser Stelle wichtig zu betonen, dass das Verfahren nicht entwickelt wurde, um Mobbing zu verhindern oder zu beheben, sondern um die „Methoden- und Sozialkompetenzen" (Gay 2005, S. 25) von Mitarbeitern zu analysieren, um sie danach gezielt fördern zu können. Der Betriebsrat sollte in Gesprächen mit der Geschäftsführung daher den Nutzen für das Unternehmen in den Vordergrund stellen: „Die Mitarbeiter übernehmen neue Aufgaben mit größerem Erfolg. Das Unternehmen kann Teams nach individuellen Stärken zusammensetzen. Mit den Begriffen des DISG Modells lässt sich eine gemeinsame Sprache als Basis besseren Verstehens entwickeln. Konflikte werden entpersonalisiert. Die Leistungspotenziale der Mitarbeiter lassen sich gezielter erkennen und fördern." (Gay 2005, S. 24).

Bei der individuellen Durcharbeitung des Buches und des Fragebogens des DISG Modells werden die persönlichen Verhaltenstendenzen transparenter. Es geht um die persönlichen Motivationsfaktoren, das bevorzugte Arbeitsumfeld, die persönlichen Ausweichtendenzen, Auslöser von Demotivation sowie um die bevorzugte Art des Umgangs mit Konflikten. (vgl. Gay 2005, S. 23).

Es gibt noch weitere Analyse-Methoden, wie z.B. das Insights Discovery System, das auf der Typologielehre von C.G. Jung beruht (vgl. „Wissenschaftlicher Hintergrund von INSIGHTS Discovery", Abs. 1, URL: http://www.insightsworld.de, INSIGHTS Discovery System, Wissenschaftlicher Hintergrund, Stand 22.01.2013) oder die ASSESS Analyse (vgl. ASSESS by Scheelen®, URL: http://www.assess-online.de, Stand 22.01.2013) des Scheelen-Instituts. Diese Analyse-Tools liegen jedoch nicht in Buchform vor und sind daher für den Einzelnen mit teilweise erheblichem Aufwand an Kosten verbunden, da nur speziell lizenzierte Trainer die Auswertung durchführen dürfen. Für das DISG Modell gibt es zwar ebenfalls lizenzierte Trainer, doch sie können optional konsultiert werden, da das Modell in Buchform veröffentlicht wurde und es jedermann mit vertretbarem Aufwand erwerben und persönlich nutzen kann.

Der DISG Fragebogen ist sehr umfangreich und muss komplett durchgearbeitet werden, um Nutzen daraus zu ziehen. Daher wird in dieser Arbeit auf eine auszugsweise Darstellung sowie eine Übung im Fragebogen verzichtet. Stattdessen wird das Buch zum DISG Modell in die Liste der empfehlenswerten Lektüre mit aufgenommen.

Patchwork-Biografie

„Wer sich in der heutigen Zeit auf Arbeitsplatzsicherheit verlässt, jagt einer Chimäre nach." (Allgeier et al 2003, S. 761). Als praktikable Alternative zu einer einmal gewählten und bis zur Rente ausgeübten Vollzeittätigkeit bietet es sich an, die eigene Berufslaufbahn wie ein Portfolio zu betrachten. (vgl. a.a.O., S. 761ff).

Wenn es darüber hinaus noch gelingt, übergreifende Gemeinsamkeiten zwischen den einzelnen Berufen, die jemand im Laufe seines Lebens nacheinander oder gleichzeitig ausgeübt hat, zu finden, kann die eigene „Patchwork-Biografie" als Ausdruck der Identitätsfindung formuliert werden. Im „Selbsthilfe-Instrumentarium" dieser Arbeit finden sich Beispiele für Kompetenzen, die in verschiedenen Berufen erworben werden könnten. Mittels dieser Methode lässt sich der „rote Faden" der Gemeinsamkeiten leichter „knüpfen". Meist erkennt man erst im Nachhinein, welchen Nutzen der Erwerb einer bestimmten Qualifikation für die zukünftige erfolgreiche Bewältigung von neuen Aufgabenstellungen hatte.

Die Übung der „Patchwork-Biografie" kann die Suche eines neuen Arbeitsplatzes oder einer neuen Aufgabe innerhalb der bisherigen Firma erleichtern. Außerdem ist es die ideale Vorbereitung für ein Vorstellungsgespräch, da Bewerber oft mit Fragen der eigenen Motivation und der persönlichen Schwerpunkte konfrontiert werden.

Aktive Selbst-Bildung durch gezielte Lektüre

Diese Arbeit setzt als eine zentrale Prämisse voraus, dass jeder Mensch prinzipiell in der Lage ist, sich durch eigene Bemühungen weiterzubilden. Selbstverständlich kann dies auch durch einen Coaching-Prozess unterstützt werden, der einleitend oder begleitend durchgeführt werden kann, wie oben ausgeführt. Hier soll der Akzent auf eine Maßnahme gelegt werden, die im Zeitalter der Reizüberflutung durch digitale Medien manchen Zeitgenossen nicht mehr so naheliegend scheinen mag, deren Wirkung aber nicht unterschätzt werden sollte: Aktive Selbst-Bildung durch gezielte Lektüre. Anders gesagt: Ein Bildungswilliger sollte so viele geeignete Bücher lesen, die sein Bildungsanliegen fördern, wie nur irgend möglich.

Dieser Grundgedanke findet sich auch in zwei Thesen bei Arnold und Siebert: „Unsere Schriftkultur enthält ein Reservoire an horizonterweiternden humanen Wirklichkeitskonstruktionen. Und: Die Auseinandersetzung mit Literatur vermag einer selbstgenügsamen Verengung der Selbstreferenz gegenzusteuern (Arnold/Siebert 2006, S. 84)."

Um hier die Auswahl am Anfang zu erleichtern, folgt im „Selbsthilfe-Instrumentarium" eine Liste der von der Verfasserin empfohlenen Einstiegsliteratur, allerdings ohne Belletristik. Der Schwerpunkt liegt dabei auf den Aspekten Mobbing, Erkenntnistheorie, Denkmuster und Emotionen, Persönlichkeits- und Kompetenzentwicklung, Identitätsfindung und Religion, Kreativität sowie berufliche Neuorientierung. Die Aufzählung ist keineswegs erschöpfend oder vollständig, sie dient lediglich einer Erst-Orientierung für Menschen, die sich nicht länger passiv von den Ereignissen treiben lassen wollen, sondern die ihr Leben aktiv gestalten wollen und hierfür Anstöße benötigen. Weiterführende Literatur ergibt sich jeweils aus den Literaturverzeichnissen der genannten Bücher sowie aus den darin verwendeten Stichworten, die in jeder Bibliotheksdatenbank in die Suchmaske eingegeben werden können.

Fazit

Schlussfolgerungen und Ausblick

Die These dieser Arbeit lautete: Durch gezielte Bildung lässt sich die eigene Identität deutlich(er) wahrnehmen und es ist möglich, sich ggf. neu zu „erfinden" (vgl. Arnold 2012a, S. 99) und seine Persönlichkeit weiterzuentwickeln, so dass Anfeindungen aller Art gelassener ertragen werden können, die Betroffenen nicht in eine Opferrolle abgedrängt werden, sondern sie ihr Leben (wieder) aktiv in die Hand nehmen, weil ihr Wert als Person nicht extrinsisch, sondern intrinsisch konstituiert wird. – Um die Reflexion zu diesem Themenkomplex anzustoßen, wurde auf eine Vielzahl eigens zu diesem Zweck „konstruierter" Übungen rekurriert, was die Gefahr birgt, dass jemand einer bestimmten „Methode" eine automatische Wirksamkeit unterstellen könnte. Eine Zuschreibung, die auch auf die hier vorgestellten Reflexionen und Übungen nicht zutrifft. Nach Bedarf können sie variiert und ergänzt oder gezielt ausgewählt und reduziert werden. Die Nützlichkeit ergibt sich nicht anhand verallgemeinerbarer Kriterien, sondern wird sich für den Einzelnen in der Praxis als unterschiedlich erweisen. „Nur wenn die Antwort nützlich ist, können wir sagen, dass die (sogenannte gute) Frage nützlich war. Tatsächlich beobachten wir oft, dass sich erst aus der Antwort erkennen lässt, was die Frage wirklich bedeutet. Wenn wir also von der Antwort aus zurückblicken, können wir mehr darüber sagen, was für eine Art Frage eine Frage war. Eine Frage kann nur eine ‚gute Frage' werden, wenn sie einer ‚guten Antwort' vorausgeht. Eine ‚gute Antwort' wird dann und nur dann als ‚gut' beurteilt, wenn sie dem Zweck der Therapie dienlich ist." (de Shazer 2010, S. 116). Das gilt analog für den Zweck der emotionalen Stabilisierung von Mobbing-Betroffenen.

Auch darf der Reflexions- und Übungsbogen nicht dazu dienen, Mobbing-Betroffenen zu signalisieren, dass sie „erst mal an sich arbeiten" (Leymann 2006, S. 78) sollten, bevor das Mobbing aufhören könne. Dies wäre ein gravierendes Missverständnis! Im Gegenteil: Sollten sich Mobbing-Handlungen bereits in einem weit fortgeschrittenen Stadium befinden, in dem die „gesetzlich garantierten Bürgerrechte" (a.a.O., S. 78) bzw. die „Menschenrechte ... brutal verletzt worden sind" (a.a.O., S. 78), dann kann die sofortige Inanspruchnahme von Hilfen durch Dritte (Betriebsrat, Gewerkschaft, Rechtsanwalt, notfalls Polizei) dringend erforderlich sein. Spätere Forschungsarbeiten könnten die moralische, soziale und politische Verantwortung von Unternehmen und der Gesellschaft herausarbeiten und praktische Vorschläge für Interessensvertreter ausarbeiten.

Die Konzentration auf standardisierbare Kompetenzen hat zwar ihre Berechtigung, insofern sie hilfreiche Orientierung in einer Fülle von sehr unübersichtlichen Möglichkeiten bietet, doch sie sollte angesichts der strukturellen Unsicherheit, auf die wir uns ständig einstellen müssen, nicht überstrapaziert werden. Arnold bezeichnet „die Versuche, auch die wissenschaftliche Bildung in einem Kompetenzrahmen zu standardisieren" auch als „Ausdruck eines Konkretismus, dem die nicht ganz einleuchtende Illusion innewohnt, durch die gelungene Standardisierung allein bereits einen wesentlichen Beitrag zum Zustandekommen und Gelingen einer entsprechenden Tertiärbildung geleistet zu haben." (Arnold 2010b, S. 85). Und er weist auf eine Gefahr hin: „Übersehen wird dabei bereitwillig der Effekt, dass solche Ansätze vielleicht gerade das zerstören, was zu fördern sie sich anschicken, da sie eine strukturelle Paradoxie des Kompetenzansatzes übersehen: Je stärker die Vorbereitung auf Unsicherheit, Offenheit und Eigenständigkeit in den Fokus der Kompetenzentwicklung rückt, desto geringer sind die Möglichkeiten einer wirklich differenzierten Auffächerung im Sinne eines Kompetenzkatalogs." (a.a.O., S.

85). Arnold erhebt daher die Forderung nach einer „personalen Kompetenzentwicklung" (a.a.O., S. 85) im Gegensatz zu einer reinen Standardisierung. Dieser Forderung nach einer personalen Kompetenzentwicklung versuchte diese Arbeit ein Stück weit gerecht zu werden, indem sie das Thema Identität in den Fokus rückte.

In unserer Zeit der schnelllebigen Entscheidungen, sinnfreien Maßnahmen und symptombehandelnden Rezeptgläubigkeit ist es eine besondere Herausforderung, wenn sich jemand der Frage nach der eigenen Identität und Berufung stellt. Erwartungen, dass mit dem Durcharbeiten des Reflexions- und Übungsbogens automatische Ergebnisse produziert werden könnten, müssen naturgemäß enttäuscht werden. Doch wer sich auf den Weg macht, sein Denken kontinuierlich zu hinterfragen und Sachverhalte nicht unreflektiert zu übernehmen, wird mit einer Bereicherung des Lebens belohnt werden, die ihn zu einer ungeahnten Gelassenheit führen kann.

Der systemisch-konstruktivistische Blick kann auch neue Sichtweisen auf die Weisheitslehren der verschiedenen Religionen eröffnen. Erlaubt er doch, Texte so zu lesen, dass der vermeintlich darin enthaltene „Realismus" in den Hintergrund tritt oder ganz heraus fällt. Hierdurch erhalten die „alten" Texte einen für Lernprozesse fruchtbaren Sinn, der durch unsere „moderne", naturwissenschaftlich-materialistische Sichtweise (Stichwort: Newtonsches Weltbild) lange Zeit verstellt war. Wenn beispielsweise in der Bhagavadgîtâ der Satz steht: „Ergebung bedeutet Geschicklichkeit zu [allen] Werken." (Bhag. II. 50, Garbe 1988, S. 89, Klammer im Original), oder anders formuliert: „Yoga bedeutet die Geschicklichkeit des Handelns", so ist dieser Anspruch auch ein Versprechen, die Menschen, die dieser Lehre folgen, in ihrer Selbstwirksamkeit und in ihrer Handlungsfähigkeit zu stärken.

So bergen die Weisheitslehren aller Religionen noch viele Schätze, deren Bergung den Rahmen dieser Arbeit völlig sprengen würde, die jedoch überliefert wurden, weil sie den Menschen halfen, in ihrem Alltag – und vor allem mit der unausweichlichen Endlichkeit des Lebens (vgl. Arnold 2010a, S. 195f) – besser zurecht zu kommen.

So verstanden, ist die Pädagogik als „Veränderungswissenschaft" (Arnold 2012a, S. 99) geradezu prädestiniert, als Brücke zwischen den verschiedenen wissenschaftlichen Disziplinen – zu denen Theologie und Philosophie ebenso gehören wie Gehirnforschung, Psychologie oder Physik – zu fungieren. Die Erwachsenenbildung ist aufgerufen, eine Übersetzungsleistung zu erbringen, einen Transfer der zentralen Anliegen (also des „Sinnverweisungsüberschusses", vgl. Luhmann 1991, S. 93) unterschiedlicher gedanklicher Konstrukte – i.e. wissenschaftlicher Disziplinen, religiöser Lehren, politischer Konzepte etc. – zu ermöglichen. Dies könnte letztlich auch ein Beitrag zur immer wichtiger werdenden Völkerverständigung sein.

Kapitel 5

Literatur

Verzeichnis der im Text erwähnten wissenschaftlichen Quellen.

Hinweis: Zum Einstieg in die Thematik eignen sich vor allem die Bücher, die am Ende des Kapitels „Selbsthilfe-Instrumentarium" empfohlen werden.

Literaturverzeichnis

Verzeichnis der im Text verwendeten Quellen

Allgeier, H. et al. (Übers.) (2003): Campus Management. Frankfurt, New York.

Arenhoevel, D./Deissler A./Vögtle, A. (1968): Die Bibel. Die Heilige Schrift des Alten und Neuen Bundes. Deutsche Ausgabe mit den Erläuterungen der Jerusalemer Bibel. 9. Aufl. Freiburg, Basel, Wien.

Arnold, R./Siebert, H. (2006): Die Verschränkung der Blicke. Baltmannsweiler.

Arnold, R. (2008a): Führen mit Gefühl. Ein Selbstcoaching für Führungskräfte. Wiesbaden.

Arnold, R. (2008b): Emotionale Kompetenz und emotionales Lernen in der Erwachsenenbildung. Studienbrief Nr. EB 0620 des Master-Fernstudiengangs Erwachsenenbildung der TU Kaiserslautern. Unveröffentlichtes Manuskript. Kaiserslautern.

Arnold, R. (2010a): Die emotionale Konstruktion der Wirklichkeit. 3. unveränderte Aufl. Baltmannsweiler.

Arnold, R. (2010b): Selbstbildung. Oder: Wer kann ich werden und wenn ja wie? Baltmannsweiler.

Arnold, R. (2012a): Seit wann haben Sie das? Grundlinien eines Emotionalen Konstruktivismus. 2. unveränderte Aufl. Heidelberg.

Anrold, R. (2012b): Spirituelle Führung. Anleitung zum Selbstcoaching. Mit einem Methoden-ABC. Wiesbaden.

Ben-Chorin, S./Lenzen, V. (Hrsg.) (1948): Lust an der Erkenntnis: Jüdische Theologie im 20. Jahrhundert. Ein Lesebuch. (SP 8799) 2. Aufl. Zürich.

Berne, E. (1985): Spiele der Erwachsenen. Psychologie der menschlichen Beziehungen. Hamburg.

Bodenheimer, A. (2012): Ungebrochen gebrochen. Über jüdische Narrative und Traditionsbildung. Göttingen.

Boerner, M. (2009): 30 Minuten für die Auflösung von Ärger und Frustration. 4. Aufl. Offenbach.

Briggs, J./Peat, F.D. (1997): Die Entdeckung des Chaos. Eine Reise durch die Chaos-Theorie. 5. Aufl. München.

Bruns, H. (1973): Die Bibel oder die ganze Heilige Schrift des Alten und Neuen Testaments übertragen und erklärt von Hans Bruns. 6. Aufl. Gießen.

Chomsky, N. (1969): Aspekte der Syntax-Theorie. Frankfurt am Main.

Csikszentmihalyi, M. (2001): Kreativität. Wie Sie das Unmögliche schaffen und Ihre Grenzen überwinden. 5. Aufl. Stuttgart.

De Shazer, S. (2010): Worte waren ursprünglich Zauber. Von der Problemsprache zur Lösungssprache. 2. Aufl. Heidelberg.

Döring, D. (2011): Es reicht! Was tun gegen seelische Gewalt. Augsburg.

Eberstadt, M./Kuznetsov, C. (2008): Bildung und Identität. Möglichkeiten und Grenzen eines schulischen Beitrags zur europäischen Identitätsentwicklung. Frankfurt am Main.

Ericksson, B. (2001): Mobbning: En sociologisk diskussion (Mobbing: Eine soziologische Diskussion). Sociologisk Forskning, 2001(2), S. 8-43.

Erpenbeck J./Sauter, W. (2007): Kompetenzentwicklung im Netz – New Blended Learning mit Web 2.0. Köln.

Erpenbeck, J./Sauter, W. (2010a): Kompetenzen erkennen und finden. Studienbrief Nr. EB 1510 des Master-Fernstudiengangs Erwachsenenbildung der TU Kaiserslautern. Unveröffentlichtes Manuskript. Kaiserslautern.

Erpenbeck, J./Sauter, W. (2010b): Kompetenzentwicklung ermöglichen. Studienbrief Nr. EB 1520 des Master-Fernstudiengangs Erwachsenenbildung der TU Kaiserslautern. Unveröffentlichtes Manuskript. Kaiserslautern.

Faltin, G. (2008): Kopf schlägt Kapital. Die ganz andere Art, ein Unternehmen zu gründen. Von der Lust, ein Entrepreneur zu sein. München.

Fehlau, E.G. (2000): Konflikte im Beruf. Freiburg i.Br.

Fehlau, E.G. (2012): Mobbing. 2. überarbeitete Aufl. Offenbach.

Frankl, V.E. (2006): ...trotzdem Ja zum Leben sagen. Ein Psychologe erlebt das Konzentrationslager. 27. Aufl. München.

Fröhlich-Gildhoff, K./Rönnau-Böse, M. (2009): Resilienz. München.

Garbe, R. (1988): Die Bhagavadgîtâ. Aus dem Sanskrit übersetzt und mit einer Einleitung über ihre ursprüngliche Gestalt, ihre Lehren und ihr Alter versehen von Richard Garbe. Unveränderter reprografischer Nachdruck der 2., verbesserten Auflage, Leipzig 1921. Frankfurt am Main.

Gay, F. (2005): Das DISG Persönlichkeitsprofil. Persönliche Stärke ist kein Zufall. 33. Aufl. Remchingen.

Haben, G./Harms-Böttcher, A. (2001): Das Hamsterrad. Mobbing: Frauen steigen aus. 2. Aufl. Berlin.

Heinemann, P.P. (1972): Mobbning: Gruppvåld bland barn och vuxna (Mobbing: Gewalt unter Kindern und Erwachsenen). Stockholm.

Herweg, R.M. (1995): Die Jüdische Mutter. Das verborgene Matriarchat. Sonderausgabe für die Mitglieder der Wissenschaftlichen Buchgesellschaft. Darmstadt.

Homburg, C./Krohmer, H. (2003): Marketingmanagement. Strategie – Instrumente – Umsetzung – Unternehmensführung. Wiesbaden.

Kalnins, M./Röschmann, D. (2010): Icebreaker. Wege bahnen für Lernprozesse. Ein Logbuch für Trainer. 5. Aufl. Hamburg.

Kappelhoff, P. (2004): Kompetenzentwicklung in Netzwerken. Die Sicht der Komplexitäts- und allgemeinen Evolutionstheorie. Berlin.

Kindl-Beilfuß, C. (2008): Fragen können wir Küsse schmecken. Systemische Fragetechniken für Anfänger und Fortgeschrittene. Heidelberg.

Köhler, J. (1993): Einsamkeit und gelingendes Leben. Studien zu Erscheinungsformen von Einsamkeit im Alten Testament und ihrer Relevanz für Ethik und Spiritualität. Würzburg.

Knoop, P./Huber, C./Habermayr, M. (2012/13): Gesetzessammlung für die betriebliche Praxis. 6., aktualisierte Aufl. Seehausen am Staffelsee.

Leymann, H. (Hrsg.) (1995): Der neue Mobbing-Bericht; Erfahrungen und Initiativen, Auswege und Hilfsangebote. Hamburg.

Leymann, H. (2006): Mobbing. Psychoterror am Arbeitsplatz und wie man sich dagegen wehren kann. 13. Aufl. Hamburg.

Luhmann, N. (1991): Soziale Systeme. 4. Aufl. Frankfurt am Main.

Luther, M. (1857): Die Bibel oder die ganze Heilige Schrift des alten und neuen Testaments nach der deutschen Uebersetzung Dr. Martin Luthers. Cöln (sic!).

Maturana, H.R./Varela, F.J. (1987): Der Baum der Erkenntnis. Bern und München.

Meueler, E. (2003): Wie aus Schwäche Stärke wird. Vom Umgang mit Lebenskrisen. Völlig überarbeitete Neuauflage. Berlin.

Müller-Commichau, W. (2009): Identitätslernen – Jüdische Erwachsenenbildung in Deutschland vom Kaiserreich bis zur Berliner Republik. Baltmannsweiler.

Nöllke, M. (2008): Machtspiele. München.

Oeser, E./Seitelberger, F. (1988): Gehirn, Bewußtsein und Erkenntnis. Band 2 der Reihe „Dimensionen der modernen Biologie", hrsg. v. Nagl, W. und Wuketits, F.M.

Ouaknin, M.-A./Rotnemer, D. (1998): Die große Welt des jüdischen Humors. Stuttgart.

Popper, K.R. (1994): Alles Leben ist Problemlösen. Über Erkenntnis, Geschichte und Politik. München.

Riemann, F. (1975): Grundformen der Angst. München.

Schlumpf, E. (2012): Gelingendes Leben trotz Trauma. Frankfurt am Main.

Seydl, C. (2007): Mobbing im Spannungsverhältnis sozialer Normen. Linz.

Silbiger, S. (2009): The Jewish Phenomenon. Seven Keys to the Enduring Wealth of a People. Lanham.

Stock, C. (2011): Mobbing. Freiburg i.Br.

Thylefors, I. (1999): Syndabockar: Om mobbning och kränkande särbehandling i arbetslivet (Sündenböcke: Über Mobbing und kränkende Sonderbehandlung am Arbeitsplatz). Stockholm.

Ulsamer, B. (1999): Ohne Wurzeln keine Flügel. Die systemische Therapie von Bert Hellinger. München.

Vester, F. (1988): Phänomen Streß. Wo liegt sein Ursprung, warum ist er lebenswichtig, wodurch ist er entartet? 9. Aufl. Stuttgart.

Volkov, S. (2001): Das jüdische Projekt der Moderne. München.

Von Foerster, H./Pörksen, B. (1999): Wahrheit ist die Erfindung eines Lügners. Heidelberg.

Wardetzki, B. (2006): Kränkung am Arbeitsplatz. Strategien gegen Missachtung, Gerede und Mobbing. 2. Aufl. München.

Watzlawick, P. (1983): Anleitung zum Unglücklichsein. 28. Aufl. München.

Watzlawick, P. (1990): Wie wirklich ist die Wirklichkeit? Wahn, Täuschung, Verstehen. 18. Aufl. München.

Welter-Enderlin, R. (2006): Resilienz. Gedeihen trotz widriger Umstände. Heidelberg.

Wolmerath, M./Esser, A. (2012): Werkbuch Mobbing – Offensive Methoden gegen psychische Gewalt am Arbeitsplatz. Frankfurt am Main.

Die Autorin

Renate Wettach (Jahrgang 1962) hat Islamwissenschaft und Katholische Theologie an der Universität Freiburg i.Br. studiert, ist ausgebildete Bankkauffrau und Wirtschaftsübersetzerin und war unter anderem 14 Jahre lang als Marketing Managerin in einem DAX30-Unternehmen tätig.

Sie begegnete in ihrer vielfältigen beruflichen Laufbahn immer wieder Situationen, in denen sowohl sie selbst als auch Kolleginnen und Kollegen in offener oder versteckter Weise mit psychosozialen Belastungen am Arbeitsplatz konfrontiert waren.

Ihr starkes Gerechtigkeitsempfinden hat ihr nicht erlaubt, stillschweigend über diese Begebenheiten hinwegzuschauen, sondern sie begann, sich systematisch mit der Frage auseinanderzusetzen, wie Betroffene ihr eigenes Empfinden von innen heraus so verändern können, dass sie aus der Opferrolle heraus kommen und wieder aktiv handlungsfähig werden.

Im Rahmen ihrer Masterarbeit im Fach Erwachsenenbildung an der TU Kaiserslautern hat sie ihre Studien vertieft. Das vorliegende Buch ist das Ergebnis ihrer bisherigen wissenschaftlichen Auseinandersetzung mit dem Thema.

Renate Wettach ist Inhaberin des LöwenStern Verlags und passionierte Netzwerkerin, vor allem im Bereich Selbstständigkeit und Existenzgründung.

Aus dem Verlagsprogramm

www.loewenstern-verlag.de

Print-Ausgabe: 17,95 Euro
Apple iBooks: 9,99 Euro
Amazon Kindle: 8,49 Euro

Hans-Peter Schwenger / Dr. Barbara Wieland
Bethmännchen – Genuss mit Tradition

Hier finden Sie das Ergebnis jahrelanger Erfahrung des Bäckermeisters Hans-Peter Schwenger mit der Herstellung von Bethmännchen und zeigt Ihnen die Version, die in Frankfurt am Main seit Jahrhunderten Tradition hat.
Übrigens: Wussten Sie, was die Alten Ägypter und Hildegard von Bingen mit unserem Weihnachtsgebäck zu tun haben?

Print-Ausgabe: 11,95 Euro
Apple iBooks: 4,99 Euro

Raphaela Wettach / Renate Wettach
Die Königin und die Spinne

Dieses Buch unterscheidet sich von „normalen" Kinderbüchern (für 4- bis 8-Jährige) dadurch, dass sich auch die Erwachsenen beim Vorlesen nicht langweilen. Dieses Buch hat das Potenzial, Ihr Lieblings-Vorlesebuch zu werden!